JN417828

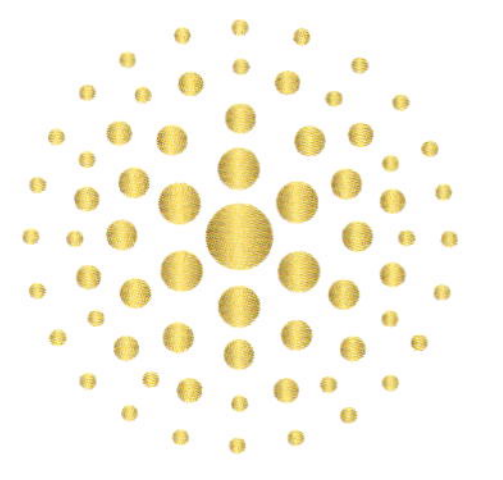

바로보인

전등록 傳燈錄

7

농선 대원 역저

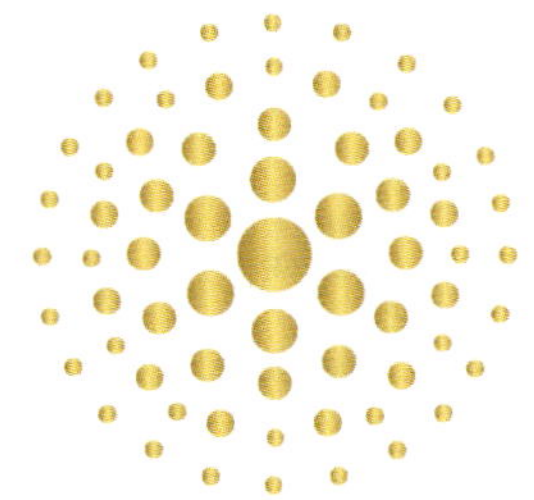

이 원상은 농선 대원 선사님께서 직접 그리신 것으로 모든 불성이 서로 상즉해 공존하는 원리를 담은 것이다.

선 심(禪心)

누리 삼킨 참나를
낙화(落花)로 자각(自覺)
떨어지는 물소리로 웃고 가는 길
돌에서 꽃에서도 님이 맞는다

정맥 선원의 문젠 마크는 농선 대원 선사님께서 마음을 상징하는 달(moon)과 그 마음을 깨달아 마음이 내가 된 삶인 선(zen)을 평화의 상징인 비둘기로 형상화하신 것이다.

교조 석가모니 부처님과
부처님으로부터 직계로 내려온
불조정맥 78대 조사들의
진영과 전법게

불조정맥

불조정맥이란 석가모니 부처님으로부터 현 78대 조사에 이르기까지 스승에게 깨달음의 인증인 인가를 받아 법을 전하라는 부촉을 받은 전법선사의 맥이다. 여기에 실린 불조진영과 전법게는 농선 대원 선사님께서 다년간 수집 정리하여 기도와 관조 끝에 완성하여 수립하신 것이다. 각 선사의 진영과 함께 실린 전법게는 스승으로부터 직접 전해 받은 게송이다. 단, 석가모니 부처님 진영에 실린 게송은 석가모니 부처님의 게송이다.

교조 석가모니 부처님

환화라고 하는 것 근본 없어 생긴 적도 없어서	幻化無因亦無生
모두가 스스로 이러-해서 본다 함도 이러-하네	皆則自然見如是
모든 법도 스스로 화한 남, 아닌 것이 없어서	諸法無非自化生
환화라 하지만 남이 없어 두려워할 것도 없네	幻化無生無所畏

제1조　마하가섭 존자

법이라는 본래 법엔 법이랄 것 없으나　法本法無法
법이랄 것 없다는 법, 그 또한 법이라　無法法亦法
이제 법이랄 것 없음을 전해줌에　今付無法時
법이라는 법인들 그 어찌 법이랴　法法何曾法

제2조　아난다 존자

법이란 법 본래의 법이라　法法本來法
법도 없고 법 아님도 없으니　無法無非法
어떻게 온통인 법 가운데　何於一法中
법 있으며 법 아닌 것 있으랴　有法有非法

제3조　상나화수 존자

본래의 법 전함이 있다 하나　本來付有法
전한 말에 법이랄 것 없다 했네　付了言無法
각자가 스스로 깨달으라　各各須自悟
깨달으면 법 없음도 없다네　悟了無無法

제4조　우바국다 존자

법 아니고 마음도 아니어서　非法亦非心
맘이랄 것, 법이랄 것 없나니　無心亦無法
마음이다, 법이다 설할 때는　說是心法時
그 법은 마음법이 아니로다　是法非心法

제5조　제다가 존자

마음이란 스스로인 본래의 마음이니　心自本來心
본래의 마음에는 법 있는 것 아니로다　本心非有法
본래의 마음 있고 법이란 것 있다 하면　有法有本心
마음도 아니요 본래 법도 아니로다　非心非本法

제6조 미차가 존자

본래의 마음법을 통달하면 通達本心法
법도 없고, 법 아님도 없도다 無法無非法
깨달으면 깨닫기 전과 같아 悟了同未悟
마음이니, 법이니 할 것 없네 無心亦無法

제7조 바수밀 존자

맘이랄 것 없으면 얻음도 없어서 無心無可得
설함에 법이라 이름할 것도 없네 說得不名法
만약에 맘이라 하면 마음 아님 깨달으면 若了心非心
비로소 마음인 마음법 안다 하리 始解心心法

제8조 불타난제 존자

가없는 마음으로 心同虛空界
가없는 법 보이니 示等虛空法
가없음을 증득하면 證得虛空時
옳고 그른 법이 없다 無是無非法

제9조 복타밀다 존자

허공이 안팎 없듯 虛空無內外
마음법도 그러하다 心法亦如此
허공이치 요달하면 若了虛空故
진여이치 통달하네 是達眞如理

제10조 파율습박(협) 존자

진리란 본래에 이름할 수 없으나 眞理本無名
이름에 의하여 진리를 나타내니 因名顯眞理
받아 얻은 진실한 법이라고 하는 것 受得眞實法
진실도 아니요, 거짓도 아니로세 非眞亦非僞

제11조 부나야사 존자

참된 몸 스스로 이러-히 참다우니 眞體自然眞
참됨을 설함으로 인해 진리란 것 있다 하나 因眞說有理
참답게 참된 법을 깨달아 얻으면 領得眞眞法
베풀 것도 없으며 그칠 것도 없다네 無行亦無止

제12조 아나보리(마명) 존자

미혹과 깨침이란 숨음과 드러남 같다 하나 迷悟如隱顯
밝음과 어둠이 서로가 여윌 수 없는 걸세 明暗不相離
이제 숨음이 드러난 법 부촉한다지만 今付隱顯法
하나도 아니요, 둘도 또한 아니로세 非一亦非二

제13조 가비마라 존자

숨었느니 드러났느니 하지만 본래의 법에는 隱顯卽本法
밝음과 어두움이 원래에 둘 아니라 明暗元不二
깨달아 마친 법을 전한다고 하지만 今付悟了法
취함도 아니요, 여읨도 아니로세 非取亦非離

제14조 나가르주나(용수) 존자

숨을 수도, 드러날 수도 없는 법이라 함 非隱非顯法
이것이 참다운 실제를 말함이니 說是眞實際
숨음이 드러난 법 깨달았다 하나 悟此隱顯法
어리석음도 아니요 지혜로움도 아니로다 非愚亦非智

제15조 가나제바 존자

숨었느니 드러났느니 하면 법에 밝다 하랴 爲明隱顯法
밝게 해탈의 이치를 설하려면 方說解脫理
저 법에 증득한 바도 없는 마음이어야 하니 於法心不證
성낼 것도 없으며 기쁠 것도 없다네 無嗔亦無喜

제16조 라후라타 존자

본래에 법을 전할 사람 대해	本對傳法人
해탈의 진리를 설하나	爲說解脫理
법엔 실로 증득한 바 없어서	於法實無證
마침도 비롯함도 없느니라	無終亦無始

제17조 승가난제 존자

법에는 진실로 증득한 바 없어서	於法實無證
취함도 없으며 여윔도 없느니라	不取亦不離
법에는 있다거나 없다는 상도 없거늘	法非有無相
안이니 밖이니 어떻게 일으키리	內外云何起

제18조 가야사다 존자

맘 바탕엔 본래에 남 없거늘	心地本無生
바탕의 인, 연을 좇아 일으키나	因地從緣起
연과 종자 서로가 방해 없어	緣種不相妨
꽃과 열매 그 또한 그러하네	華果亦復爾

제19조 구마라다 존자

마음의 바탕에 지닌 종자 있음에	有種有心地
인과 연이 능히 싹 나게 하지만	因緣能發萌
저 연에 서로가 걸림이 없어서	於緣不相礙
마땅히 난다 해도 남이 남 아니로세	當生生不生

제20조 사야다 존자

성품에는 본래에 남 없건만	性上本無生
구하는 사람 대해 설할 뿐	爲對求人說
법에는 얻은 바 없거늘	於法既無得
어찌 깨닫고, 깨닫지 못함을 둘 것인가	何懷決不決

제21조　바수반두 존자

말 떨어지자마자 무생에 계합하면	言下合無生
저 법계와 성품이 함께 하리니	同於法界性
만일 능히 이와 같이 깨친다면	若能如是解
궁극의 이변 사변 통달하리	通達事理竟

제22조　마노라 존자

물거품과 환 같아 걸릴 것도 없거늘	泡幻同無礙
어찌하여 깨달아 마치지 못했다 하는가	如何不了悟
그 가운데 있는 법을 통달하면	達法在其中
지금도 아니요, 옛 또한 아니니라	非今亦非古

제23조　학륵나 존자

마음이 만 경계를 따라서 구르나	心隨萬境轉
구르는 곳마다 실로 능히 그윽함에	轉處實能幽
성품을 깨달아서 흐름을 따르면	隨流認得性
기쁠 것도 없으며 근심할 것도 없네	無喜亦無憂

제24조　사자보리 존자

마음의 성품을 깨달음에	認得心性時
사의할 수 없다고 말하나니	可說不思議
깨달아 마쳐서는 얻음 없어	了了無可得
깨달아선 깨달았다 할 것 없네	得時不說知

제25조　바사사다 존자

깨달음의 지혜를 바르게 설할 때에	正說知見時
깨달음의 지혜란 이 마음에 갖춘 바라	知見俱是心
지금의 마음이 곧 깨달음의 지혜요	當心卽知見
깨달음의 지혜가 곧 지금의 함일세	知見卽于今

제26조　불여밀다 존자

성인이 말하는 지견은	聖人說知見
경계를 맞아서 시비 없네	當境無是非
나 이제 참성품 깨달음에	我今悟眞性
도랄 것도, 이치랄 것도 없네	無道亦無理

제27조　반야다라 존자

맘 바탕에 참성품 갖췄으나	眞性心地藏
머리도, 꼬리도 없으니	無頭亦無尾
인연 응해 만물을 교화함을	應緣而化物
지혜라고 하는 것도 방편일세	方便呼爲智

제28조　보리달마 존자

마음에서 모든 종자 냄이여	心地生諸種
일(事)로 인해 다시 이치 나느니라	因事復生理
두렷이 보리과가 원만하니	果滿菩提圓
세계를 일으키는 꽃 피우리	華開世界起

제29조　신광 혜가 대사

내가 본래 이 땅에 온 것은	吾本來此土
법을 전해 중생을 구함일세	傳法救迷情
한 송이에 다섯 꽃잎 피리니	一花開五葉
열매 맺음 자연히 이뤄지리	結果自然成

제30조　감지 승찬 대사

본래의 바탕에 연 있으면	本來緣有地
바탕의 인에서 종자 나서 꽃핀다 하나	因地種華生
본래엔 종자가 있은 적도 없어서	本來無有種
꽃핀 적도 없으며 난 적도 없다네	華亦不曾生

제31조 대의 도신 대사

꽃과 종자 바탕으로 인하니	華種雖因地
바탕을 좇아서 종자와 꽃을 내나	從地種華生
만약에 사람이 종자 내림 없으면	若無人下種
남 없어 바탕에 꽃핀 적도 없다 하리	華地盡無生

제32조 대만 홍인 대사

꽃과 종자 성품에서 남이라	華種有生性
바탕으로 인해서 나고 꽃피우니	因地華生生
큰 연과 성품이 일치하면	大緣與性合
그 남은 나도 남 아니로세	當生生不生

제33조 대감 혜능 대사

정 있어 종자를 내림에	有情來下種
바탕 인해 결과 내어 영위하나	因地果還生
정이랄 것도 없고 종자랄 것도 없어서	無情旣無種
만물의 근원인 도의 성품엔 또한 남도 없네	無性亦無生

제34조 남악 회양 전법선사

마음의 바탕에 모든 종자 머금어져	心地含諸種
널리 비 내림에 모두 다 싹트도다	普雨悉皆生
단박에 깨달아 정을 다한 꽃피움에	頓悟華情已
보리의 과위가 스스로 이뤄졌네	菩提果自成

제35조 마조 도일 전법선사

마음의 바탕에 모든 종자 머금어져	心地含諸種
비와 이슬 만남에 모두 다 싹이 트나	遇澤悉皆萌
삼매의 꽃핌이라 형상이 없거늘	三昧華無相
무엇이 무너지고 무엇이 이뤄지랴	何壞復何成

제36조　백장 회해 전법선사

마음 외에 본래에 다른 법이 없거늘	心外本無法
부촉함이 있다 하면 마음법이 아닐세	有付非心法
원래에 마음법 없음을 깨달은	既知非法心
이러-한 마음법을 그대에게 부촉하네	如是付心法

제37조　황벽 희운 전법선사

본래에 말로는 부촉할 수 없는 것을	本無言語囑
억지로 마음의 법이라 전함이니	强以心法傳
그대가 원래에 받아 지닌 그 법을	汝既受持法
마음의 법이라고 다시 어찌 말하랴	心法更何言

제38조　임제 의현 전법선사

마음의 법 있으면 병이 있고	病時心法在
마음의 법 없으면 병도 없네	不病心法無
내 부촉한 마음의 법에는	吾所付心法
마음의 법 있는 것 아니로세	不在心法途

제39조　흥화 존장 전법선사

지극한 도는 간택함이 없으니	至道無揀擇
본래의 마음이라 향하고 등짐이 없느니라	本心無向背
이 같음을 감당해 이으려는가?	便如此承當
봄바람에 곤한 잠을 더하누나	春風增瞌睡

제40조　남원 혜옹 전법선사

대도는 온통 맘에 있다지만	大道全在心
맘에 구함 있으면 그르치네	亦非在心求
그대에게 부촉한 자심의 도에는	付汝自心道
기쁨도 근심도 없느니라	無喜亦無憂

제41조 풍혈 연소 전법선사

나 이제 법 없음을 말하노니	我今無法說
말한 바가 모두 다 법 아니라	所說皆非法
법 없는 법 지금에 부촉하니	今付無法法
이 법에도 머무르지 말아라	不可住于法

제42조 수산 성념 전법선사

말한 적도 없어야 참법이니	無說是眞法
이 말함은 원래에 말함 없네	其說元無說
나 이제 말한 적도 없을 때	我今無說時
말함이라 말한들 말함이랴	說說何曾說

제43조 분양 선소 전법선사

예로부터 말함 없음 부촉했고	自古付無說
지금의 나 또한 말함 없네	我今亦無說
다만 이 말함 없는 마음을	只此無說心
모든 부처 다 같이 말한 바네	諸佛所共說

제44조 자명 초원 전법선사

허공이 형상이 없다 하나	虛空無形像
형상도, 허공도 아닐세	形像非虛空
내 부촉한 마음의 법이란	我所付心法
공도 공한 공이어서 공 아닐세	空空空不空

제45조 양기 방회 전법선사

허공이 면목이 없듯이	虛空無面目
마음의 상 또한 이와 같네	心相亦如然
곧 이렇게 비고 빈 마음을	卽此虛空心
높은 중에 높다고 하는 걸세	可稱天中天

제46조 백운 수단 전법선사

마음의 본체가 허공같아 心體如虛空
법 또한 허공처럼 두루하네 法亦遍虛空
허공 같은 이치를 증득하면 證得虛空理
법도 아니요, 공한 맘도 아니로세 非法非心空

제47조 오조 법연 전법선사

도에는 나라는 나 원래 없고 道我元無我
도에는 맘이란 맘 원래 없네 道心元無心
오직 이 나라 함도 없는 법으로 唯此無我法
나라 함 없는 맘에 일체하네 相契無我心

제48조 원오 극근 전법선사

참나에는 본래에 맘이랄 것 없으며 眞我本無心
참마음엔 역시나 나랄 것 없으나 眞心亦無我
이러-히 참답게 참마음에 일체되면 契此眞眞心
나를 나라 한들 어찌 거듭된 나겠는가 我我何曾我

제49조 호구 소륭 전법선사

도 얻으면 자재한 마음이고 得道心自在
도 얻지 못하면 근심이라 하나 不得道憂惱
본래의 마음의 도 부촉함에 付汝自心道
기쁨도, 근심도 없느니라 無喜亦無惱

제50조 응암 담화 전법선사

맑던 하늘 구름 덮인 하늘 되고 天晴雲在天
비 오더니 젖어있는 땅일세 雨落濕在地
비밀히 마음을 부촉함이여 秘密付與心
마음법이란 다만 이것일세 心法只這是

제51조 밀암 함걸 전법선사

부처님은 눈으로써 별을 보고 佛用眼觀星
난 귀로써 소리를 들었도다 我用耳聽聲
나의 함이 부처님의 함과 같아 我用與佛用
내 밝음이 그대의 밝음일세 我明汝亦明

제52조 파암 조선 전법선사

부처와 더불어 중생의 보는 것이 佛與衆生見
원래 근본 부처인데 금 그은들 바뀌랴 元本佛隔線
그대에게 부촉한 본연의 마음법에는 付汝自心法
깨닫고 깨닫지 못함도 없느니라 非見非不見

제53조 무준 사범 전법선사

내가 만약 봄이 없다 할 때에 我若不見時
그대 응당 봄이 없이 보아라 汝應不見見
봄에 봄 없어야 본연의 봄이니 見見非自見
본연의 마음이 언제나 드러났네 自心常顯現

제54조 설암 혜랑 전법선사

진리는 곧기가 거문고줄 같다는데 眞理直如絃
어떻게 침묵이나 말로 다시 할 것인가 何默更何言
나 이제 그대에게 공교롭게 부촉하니 我今善付囑
밝힌 마음 본래에 얻음이 없는 걸세 表心本無得

제55조 급암 종신 전법선사

사람에겐 미혹하고 깨달음이 본래 없는데 本無迷悟人
미했느니 깨쳤느니 제 스스로 분별하네 迷悟自家計
젊어서 깨달았다 말이나 한다면 記得少壯時
늙어서까지라도 깨닫지 못할 걸세 而今不覺老

제56조 석옥 청공 전법선사

이 마음이 지극히 광대하여 此心極廣大
허공에 비할 수도 없다네 虛空比不得
이 도는 다만 오직 이러-하니 此道只如是
밖으로 찾음 쉬어 받아 지녔네 受持休外覓

제57조 태고 보우 전법선사

지극히 큰 이것인 이 마음과 至大是此心
지극히 성스러운 이것인 이 법이라 至聖是此法
등불과 등불의 광명처럼 나뉨 없음 燈燈光不差
이 마음 스스로가 통달해 마침일세 了此心自達

제58조 환암 혼수 전법선사

마음 중의 본연의 마음과 心中有自心
법 중의 지극한 법을 法中有至法
내가 지금 부촉한다 하나 我今可付囑
마음법엔 마음법이라 함도 없네 心法無心法

제59조 구곡 각운 전법선사

온통인 도, 마음의 광명이라 할 것도 없으나 一道不心光
과거, 현재, 미래와 시방을 밝힘일세 三際十方明
어떻게 지극히 분명한 이 가운데 何於明白中
밝음과 밝지 않음 있다고 하리오 有明有不明

제60조 벽계 정심 전법선사

나 지금 법 없음을 부촉하고 我無法可付
그대는 무심으로 받는다 하나 汝無心可受
전함 없고 받음 없는 맘이라면 無付無受心
누구라도 성취하지 못했다 하랴 何人不成就

제61조 벽송 지엄 전법선사

마음이 곧 깨달음의 마음이요	心卽能知心
법이 곧 깨달음의 법이라	法卽可知法
마음법을 마음법이라 전한다면	法心付法心
마음도, 법도 아닐세	非心亦非法

제62조 부용 영관 전법선사

조사와 조사가 법 없음을 부촉한다 하나	祖祖無法付
사람과 사람마다 본래 스스로 지님일세	人人本自有
그대는 부촉함도 없는 법을 받아서	汝受無付法
긴요히 뒷날에 전하도록 하여라	急着傳於後

제63조 청허 휴정 전법선사

참성품은 본래에 성품이라 할 것 없고	眞性本無性
참법은 본래에 법이라 할 것 없네	眞法本無法
법이니 성품이니 할 것 없음 깨달으면	了知無法性
어떠한 곳엔들 통달하지 못하랴	何處不通達

제64조 편양 언기 전법선사

법도 아니고 법 아님도 아니고	非法非非法
성품도 아니고 성품 아님도 아니며	非性非非性
마음도 아니고 마음 아님도 아님이	非心非非心
그대에게 부촉하는 궁극의 마음법일세	付汝心法竟

제65조 풍담 의심 전법선사

부처님이 전하신 꽃 드신 종지와	師傳拈花宗
내가 미소지어 보인 도리를	示我微笑法
친히 손수 그대에게 분부하니	親手分付汝
받들어 지녀 누리에 두루하게 하라	持奉遍塵刹

제66조　월담 설제 전법선사

깨달아선 깨달은 바 없으며　　得本無所得
전해서는 전함 또한 없느니라　　傳亦無可傳
전함도 없는 법을 부촉함이여　　今付無傳法
동서가 온통한 하늘일세　　東西共一天

제67조　환성 지안 전법선사

전하거나 받을 법이 없어서　　無傳無受法
전하거나 받는다는 맘도 없네　　無傳無受心
부촉하나 받은 바 없는 이여　　付與無受者
허공의 힘줄마저 뽑아서 끊었도다　　掣斷虛空筋

제68조　호암 체정 전법선사

연류에 따른 일단사여　　沿流一段事
머리도 꼬리도 필경 없네　　竟無頭與尾
사자새끼인 그대에게 부촉하니　　付與獅子兒
사자후 천지에 가득케 하라　　哨吼滿天地

제69조　청봉 거안 전법선사

서 가리켜 동에 그림이여　　指西喚作東
풍악산의 뭇 봉우리로다　　楓嶽山衆峰
불조의 이러한 법을　　佛祖之此法
너에게 분부하노라　　分付今日汝

제70조　율봉 청고 전법선사

머리도 꼬리도 없는 도리　　無頭尾道理
오늘 그대에게 전해주니　　今日傳授汝
이후로 보림을 잘 하여서　　此後善保任
영원히 끊어짐이 없게 하라　　永遠無斷絶

제71조 금허 법첨 전법선사

그믐날 근원에 돌아간다 말했으나 晦日豫言爲還元
법신에 그 어찌 가고 옴이 있으랴 法身何有去與來
푸른 하늘 해 있고, 못 가운데 연꽃일세 日在青天池中蓮
이 법을 분부하니 끊어짐이 없게 하라 此法分付無斷絶

제72조 용암 혜언 전법선사

'연꽃이 나왔다' 하여 보인 큰 도리를 示出蓮之大道理
다시 또 뜰 밑 나무 가리켜 보여서 復亦指示庭下樹
후일의 크고 큰일 그대에게 부촉하니 後日大事與咐囑
잘 지녀 보림하여 끊어짐 없게 하라 保任善持無斷絶

제73조 영월 봉율 전법선사

사느니 죽느니 이 무슨 말들인고 生也死也是何言
물밭엔 연꽃이고 하늘엔 해일세 水田蓮花在天日
가없이 이러-해서 감출 수 없이 드러남 無邊無藏露如是
오늘 네게 분부하니 끊어짐 없게 하라 今日分付無斷絶

제74조 만화 보선 전법선사

봄산과 뜬구름을 동시에 보아라 春山浮雲觀同時
중생들의 이익될 바 그 가운데 있느니라 普益衆生在其中
이 가운데 도리를 이제 네게 부촉하니 此中道理今付汝
계승해 끊임없이 번성케 할지어다 繼承無斷爲繁盛

제75조 경허 성우 전법선사

하늘의 뜬구름이 누설한 그 도리를 浮雲漏泄其道理
오늘날 선자에게 부촉하여 주노니 今日咐囑與禪子
철저하게 보림하여 모범을 보임으로 保任徹底示模範
후세에 끊어짐이 없게 할 맘, 지니게나 後世無斷爲持心

제76조 만공 월면 전법선사

구름과 달, 산과 계곡이라, 곳곳에서 같음이여 雲月溪山處處同
선가의 나의 제자 수산의 큰 가풍일세 叟山禪子大家風
은근히 무문인을 그대에게 분부하니 慇懃分付無文印
이 기틀의 방편이 활안 중에 있노라 一段機權活眼中

제77조 전강 영신 전법선사

불조도 전한 바 없어서 佛祖未曾傳
나 또한 얻은 바 없음을… 我亦無所得
가을빛 저물어 가는 날에 此日秋色暮
뒷산의 원숭이가 울고 있네 猿嘯在後峰

제78대 농선 대원 전법선사

부처와 조사도 일찍이 전한 것이 아니거늘 佛祖未曾傳
나 또한 어찌 받았다 하며 준다 할 것인가 我亦何受授
이 법이 2천년대에 이르러서 此法二千年
널리 천하 사람을 제도하리라 廣度天下人

부처님으로부터 직계로 내려온 불조정맥 제78대 농선 대원 선사님

농선 대원 전법선사의 3대 서원

오로지 정법만을 깨닫기 서원합니다.

입을 열면 정법만을 설하기 서원합니다.

중생이 다하는 그날까지 교화하기 서원합니다.

성불사 국제정맥선원 대웅전

성불사 국제정맥선원은

농선 대원 선사님께서 주석하시는 곳으로

대원 선사님의 지도하에 비구스님들이

직접 지은 도량이다.

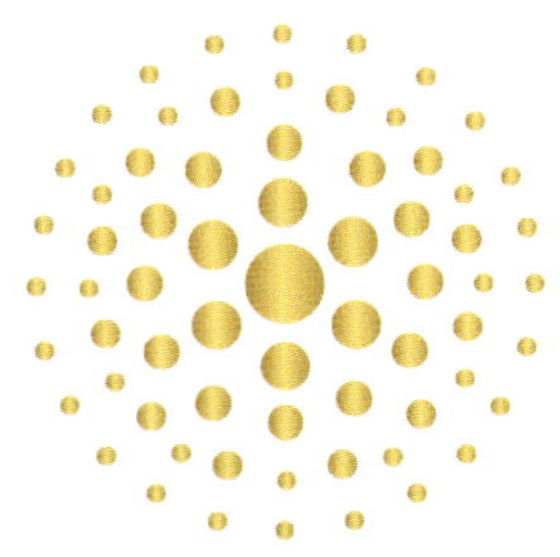

불교 8대 선언문

불교는 자신에게서 영생을 발견하게 한 유일한 종교이다.
불교는 자신에게서 모든 지혜를 발견하게 한 유일한 종교이다.
불교는 자신에게서 모든 능력을 발견하게 한 유일한 종교이다.
불교는 자신에게서 모든 것을 이루게 한 유일한 종교이다.
불교는 자신에게서 극락을 발견하게 한 유일한 종교이다.
불교는 깨달으면 차별 없어 평등하다는 유일한 종교이다.
불교는 모든 억압 없이 자신감을 갖게 한 유일한 종교이다.
불교는 그러므로 온 누리에 영원할 만인의 종교이다.

농선 대원 전법선사 주창

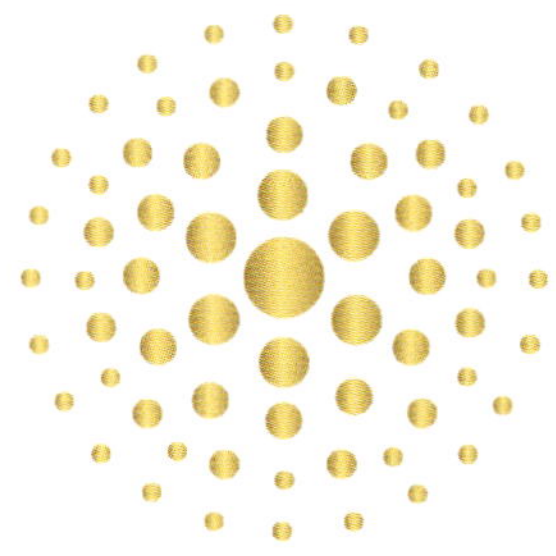

전세계의 불교계에서 통일시켜야 할 일

경전의 말씀대로 32상과 80종호를 갖춘 불상으로 통일해야 한다.

예불 드리는 법을 통일해야 한다.

불공의식을 통일해야 한다.

농선 대원 전법선사 주창

농선 대원 선사의 전등록 발간의 의의

선문(禪文)이란 말 밖의 말로 마음을 바로 가리켜 깨닫게 하여 그 깨달은 마음 바탕에서 닦아 불지(佛地)에 이르게 하는 문(門)이다. 그러기에 지식이나 알음알이로는 헤아려 알 수 없는 것이어서 깨달아 증득하여 일체종지(一切種智)를 이룬 이가 아니고는 그 요지를 바로 보아 이끌어 줄 수 없다.

지금 불교의 현실이 대본산 강원조차 이런 안목으로 이끌어 주는 선지식이 없어서 선종(禪宗) 최고의 공안집인 '전등록', '선문염송' 강의가 모두 폐강된 상황이다.

이에 대원 선사님께서는 불조(佛祖)의 요지가 말이나 글에 떨어져 생사해탈의 길이 단절되는 것을 염려하여 깨달음의 법을 선리(禪理)에 맞게 바로 잡는 역경 작업에 혼신을 다하고 계신다.

대원 선사님께서는 19세에 선운사 도솔암에서 활연대오한 후, 대선지식과의 법거량에서 한 치의 주저함도 없이 명쾌하게 응대하시니 당시 12대 선지식들께서 탄복해 마지않으셨다. 경봉 선사님과 조계종 지혜제일 전강 선사님과의 문답만을 보더라도 취모검과 같은 대원 선사님의 선지를 엿볼 수 있다.

맨 처음 통도사 경봉 선사님을 찾아뵈었을 때, 마침 늦가을 감나무에서 감을 따고 계신 경봉 선사님을 보자 감나무 주위를 한 번 돌고서 있으니, 경봉 선사님께서 물으셨다.

"어디서 왔는가?"

"호남에서 왔습니다."

"무엇을 공부했는가?"

"선을 공부했습니다."

"무엇이 선이냐?"

"감이 붉습니다."

"네가 불법을 아는가?"

"알면 불법이 아닙니다."

위의 문답이 있은 후 경봉 선사님께서는 해제 법문을 대원 선사님께 맡기셨으나 대원 선사님께서는 아직 그럴 때가 아니라 여겨져 그 이튿날인 해제일 새벽 직전에 통도사를 떠나와 버리셨다.

또 광주 동광사에서 처음 전강 선사님을 뵈었을 때, 20대 초면의 젊은 승려인 대원 선사님께 전강 선사님께서 대뜸 '달마불식 도리'를 일러보라 하셨다. 대원 선사님께서 아무 말없이 다가가 전강 선사님의 목에 있는 점 위의 털을 뽑아 버리고 종무소로 가니, 전강 선사님께서 "여기 사람 죽이는 놈이 있다."하며 종무소까지 따라오다 방장실로 돌아가셨다.

그 이후 대원 선사님께서 군산 은적사에서 전강 선사님을 시봉하며 모시고 계실 때, 전강 선사님께서 또 물으셨다.

"공적의 영지를 일러라."

"이러-히 스님과 대담합니다."

"영지의 공적을 일러라."

"스님과 대담에 이러-합니다."

"이러-한 경지를 일러라."

"명왕은 어상을 내리지 않고 천하일에 밝습니다."

대원 선사님의 답에 전강 선사님께서는 희색이 만면해서 고개를 끄덕이며 당신 처소로 돌아가셨다.

이에 그치지 않고 전강 선사님께서 대구 동화사 조실로 계실 때, 대원 선사님께 말씀하셨다.

"대중들이 자네를 산으로 불러내어 그 중에 법성(조계종 종정 진제 스님)이 달마불식 도리를 일러보라 했을 때 '드러났다'라고 답했다는데, 만약에 자네가 양무제였다면 '모르오'라고 이르고 있는 달마 대사에게 어떻게 했겠는가?"

"제가 양무제였다면 '성인이라 함도 설 수 없으나 이러-히 짐의 덕화와 함께 어우러짐이 더욱 좋지 않겠습니까?'하며 달마 대사의 손을 잡아 일으켰을 것입니다."

그러자 전강 선사님께서 탄복하며 말씀하셨다.

"어느새 그 경지에 이르렀는가?"

“이르렀다곤들 어찌하며 갖추었다곤들 어찌하며 본래라곤들 어찌하리까? 오직 이러-할 뿐인데 말입니다.”

대원 선사님의 대답에 전강 선사님께서 크게 기뻐하셨다.

이와 같이 대원 선사님께서는 20대 초반에 이미 어떤 선지식의 물음에도 전광석화와 같이 답하셨으며 그 법을 씀이 새의 길처럼 흔적없는 가운데 자유자재하셨다.

깨달음의 방편에 있어서는 육조 대사께서 마주 앉은 자리에서 사람들을 깨닫게 하셨듯이, 제자들을 제접해 직지인심(直指人心)으로 스스로의 마음에 사무쳐 들게 하여 근기에 따라 보림해 갈 수 있도록 이끌어주시니, 꺼져가는 정법의 기치를 바로 일으켜 세움이라 하겠다.

또한 선지식이라면 이변(理邊)에서 뿐만이 아니라 사변(事邊)에서도 먼 안목으로 인류가 무엇을 어떻게 대비하며 살아가야 할지를 예언하고 이끌어 주어야 한다고 하셨다.

그래서 1962년부터 주창하시기를, 전 세계가 21세기를 '사막 경영의 시대'로 삼아 사막화된 지역에 '사막 해수로 사업'을 하여 원하는 지역의 기후를 조절해야 하고, 자원을 소모하는 발전소 대신 파도, 태양열, 풍력 등의 대체 에너지와 무한 원동기를 개발해야 한다고 하셨다. 또, 도로를 발전소화하여 전기를 생산하는 방법 등을 구체적으로 제안하시고, 천재지변을 대비하여 각자의 집에서 농사를 짓는 '울안의 농법'을 연구하시는 등 만인이 더 나은 삶을 살 수 있는 길을 끊임없이 일러 주고 계신다.

이와 같이 대원 선사님께서는 일체종지를 이룬 지혜로, '참나를 깨달아 마음이 내가 된 삶'을 위한 깨달음의 법으로부터 닥쳐오는 재난을 막고 지구를 가장 살기 좋은 세상으로 만드는 방편까지 늘 그 방향을 제시하고 계신다.

한편, 불교의 최고 경전인 '화엄경 81권'을 완간하여 불보살님의 불가사의한 화엄세계를 열어 보이셨으며, 선문 최대의 공안집인 '선문염송 30권' 1,463칙에 대하여 석가모니 부처님 이래 최초로 전 공안을 맑은 물 밑바닥 보듯이 회통처 출간하셨다.

이제 대원 선사님께서는 7불과 역대 조사들의 깨달음의 진수가 담긴 '전등록 30권'을 그런 혜안(慧眼)으로 조사마다 선리의 토끼뿔을 더해 닦아 증득할 수 있도록 밝혀 보이셨다. 그리하여 생사윤회길을 헤매는 중생들에게 해탈의 등불이 되고자 하셨으며, 불조(佛祖)의 정법이 후세에까지 끊어지지 않게 하여 부처님 은혜에 보답하고자 하셨다.

부처님 가신 지 오래 되어 정법은 약하고 삿된 법이 만연한 지금, 중생이 다하는 날까지 중생을 구제하기 서원하는 대원 선사님과 같은 명안종사(明眼宗師)가 계심은 불보살님의 자비광명이 이 땅에 두루한 은덕이라 하겠다.

바로보인 불법 ㊸

전등록 傳燈錄

7

도서출판 문젠(구, 바로보인)은 정맥선원에서 운영하고 있습니다.

* 인제산(人濟山) 성불사(成佛寺) 국제정맥선원
  경기도 포천시 내촌면 소리개길 86-178 ☎ 031-531-8805
* 인제산(人濟山) 이룬절 포천정맥선원
  경기도 포천시 내촌면 소리개길 86-123 ☎ 031-531-2433
* 백양산(白楊山) 자모사(慈母寺) 부산정맥선원
  부산시 동래구 아시아드대로 114번길 10 대륙코리아나 2층 212호 ☎ 051-503-6460
* 자모산(慈母山) 육조사(六祖寺) 청도정맥선원
  경북 청도군 매전면 동산리 산 50 ☎ 010-4543-2460
* 광암산(光巖山) 성도사(成道寺) 광주정맥선원
  광주광역시 광산구 삼도광암길 34 ☎ 062-944-4088
* 대통산(大通山) 대통사(大通寺) 해남정맥선원
  전남 해남군 화산면 송계길 132-98 중정마을 ☎ 061-536-6366

바로보인 불법 ㊸

전 등 록 7

초판 1쇄 펴낸날 단기 4354년, 불기 3048년, 서기 2021년 9월 30일

역　　저 농선 대원 선사
펴 낸 곳 도서출판 문젠(Moonzen Press)
11192, 경기도 포천시 내촌면 소리개길 86-178
전화 031-534-3373 팩스 031-533-3387
신고번호 2010.11.24. 제2010-000004호

편집윤문출판 법심 최주희, 법운 정숙경
인디자인 전자출판 지일 박한재
표 지 글 씨 춘성 박선옥
인　　　쇄 북크림

도서출판문젠 www.moonzenpress.com
정 맥 선 원 www.zenparadise.com
사막화방지국제연대(IUPD) www.iupd.org

값 15,000원
ISBN 978-89-6870-607-3
ISBN 978-89-6870-600-4 04220(전30권)

서 문

전등록은 말 없는 말이며 말 밖의 말이라서 학식이나 재치만으로는 번역이 실로 불가능한 일이다. 그러기에 육조단경(六祖壇經)을 보면 법화경을 삼천 번이나 독송한 법달(法達)은 글 한 자 모르시는 육조(六祖)께 경의 뜻을 물었고, 글을 모르시는 육조께서는 법화경의 바른 뜻을 설파하셔서 법달을 깨닫게 하신 것이다.

그런데 하루는 본인에게 법을 물으러 다니시던 부산의 목원 하상욱 본연님이 오셔서 시중에 나온 전등록 번역본 두세 가지를 보이시며 범인인 당신에게도 부처님과 조사님들의 본래 뜻에 맞지 않는 대문이 군데군데 눈에 뜨인다며 바른 의역의 필요성을 절감한다고 하셨다. 그 후로 전등록 번역을 바로 해주십사 하는 간청이 지극하여 비록 단문하나 이 일을 시작하게 되었다.

부처님과 조사님들의 근본 뜻에 어긋남이 없게 하기 위해 노력하였으나 약속한 기간 내에 해내기란 실로 벅찬 일이어서 혹시 미비한 점이 없지 않으리니 강호 제현의 좋은 지적이 있기를 바란다.

불법(佛法)이란 본자연(本自然)이라 누가 설(說)하고 누가 듣고 배울 자리요만 그렇지 못한 이가 또한 있어서 부처님과 조사님들의 허물이 생기는 것이다.

어떤 것이 부처인고?

화분의 빨간 장미니라.

이 가운데 남전(南泉) 뜰꽃 도리(道理)며 한산(寒山) 습득(拾得)의 웃음을 누릴진저.

단기(檀紀) 4354년

불기(佛紀) 3048년

서기(西紀) 2021년

무등산인 농선 대원 분향근서

(無等山人 弄禪 大圓 焚香謹書)

양억(楊億)의 경덕전등록 서문

석가모니께서 일찍이 연등 부처님의 수기를 받아, 현겁(賢劫)의 보처(補處)가 되어 이 땅에 탄강하시고 법을 펴서 교화하시기가 49년이었으니 방편과 진리, 돈오(頓悟)와 점수(漸修)의 문호를 여시고, 헤아릴 수 없이 많은 다양한 교법을 내려 주셨다.

근기(根機)에 따라 진리를 깨닫게 하신 데서 삼승(三乘)의 차별이 생겼으니, 사물에 접하는 대로 중생을 이롭게 하여 한량없는 중생을 제도하셨다. 그 자비는 넓고 컸으며 그 법식(法式)은 두루 갖추어져 있었다.

쌍림(雙林)에서 열반에 드실 때 가섭(迦葉)에게만 유촉하신 것이 차츰차츰 전하여 달마에 이르러서 비로소 문자를 세우지 않고 마음의 근원을 곧바로 보이게 되었으니, 차례를 밟지 않고 당장에 부처의 경지에 오르게 되어 다섯 잎[1]이 비로소 무성하고 천 개의 등불[2]이 더욱 찬란하여서, 보배 있는 곳에 이른 이는 더욱 많고, 법의 바퀴를 굴린 이도 하나가 아니었다.

부처님께서 부촉하신 종지와 정법안장(正法眼藏)이 유통되는 도리는 교리 밖에서 따로 행해지는 불가사의(不可思議)한 것이다.

태조(太祖)께서 거룩하신 무력으로 전란을 진압하신 뒤에 사찰을 숭상하여 제도의 문을 활짝 여셨고, 태종(太宗)께서 밝으신 변재로 비밀한 법을 찬술하시어 참된 이치를 높이셨으며, 황상(皇上)[3]께서 높으신 학덕으로 조사의 뜻을 이어 거룩한 가르침에 머릿말을 쓰셔 종풍(宗風)을 잇게 하시니, 구름 같은 문장이 진리의 하늘에 빛나고, 부처의 황금 같은 설법

---

1) 다섯 잎 : 중국 선종의 2조 혜가로부터 6조 혜능에 이르는 다섯 조사를 말한다.
2) 천 개의 등불 : 중국에 선법(禪法)이 전해진 이후 등장한 수많은 견성도인들을 말한다.
3) 황상(皇上) : 송의 진종(眞宗)을 말한다.

이 깨달음의 동산에 펼쳐졌다.

대장경의 말씀에 비밀히 계합하고, 인도로부터의 법맥이 번창하니, 뭇 선행을 늘리는 이가 더욱 많아졌고, 요의(了義)[4]를 전하는 사람들이 간간이 나타나서 원돈(圓頓)의 교화가 이 지역에 퍼졌다.

이에 동오(東吳)의 승려인 도원(道原)이 선열(禪悅)의 경지에 마음을 모으고, 불법의 진리를 샅샅이 찾으며, 여러 세대의 조사 법맥을 찾고, 제방의 어록(語錄)을 모아 그 근원과 법맥에 차례를 달고, 말씀들을 차례차례 엮되, 과거 7불로부터 대법안(大法眼)의 문도에 이르기까지 무릇 52세대, 1,701인을 수록하여 30권으로 만들어 경덕전등록이라 하여 대궐로 가지고 와서 유포해 주기를 청하였다.

황상께서는 불법을 밖으로부터 보호하고자 하시고, 승려들의 부지런함을 가상히 여겨 마음가짐을 신중히 하고 생각을 원대히 하여 좌사간(左司諫) 지제고(知制誥) 양억(楊億)과 병부원외랑(兵部員外郞) 지제고(知制誥) 이유(李維)와 태상승(太常丞) 왕서(王曙) 등을 불러 교정케 하시니, 신(臣) 등은 우매하여 삼학(三學)[5]의 근본 뜻을 모르고 5성(五性)[6]의 방편에 어두우며, 훌륭한 번역 솜씨도 없고, 비야리 성에서 보인 유마 거사의 묵연(默然) 도리[7]에도 둔하건만 공손히 지엄하신 하명(下命)을 받들어 감히 끝내 사양하지 못하였다.

그 저술된 내용을 두루 살펴보면 대체로 진공(眞空)[8]으로써 근본을 삼고 있고, 옛 성인께서 도에 들던 인연을 서술할 때나 옛 사람이 진리를 깨달은 이야기를 표현할 때엔 근기와 인연의 계합함이 마치 활쏘기와 칼쓰

---

4) 요의(了義) : 일을 다 마친 도리, 깨달아서 깨달음마저 두지 않는 경지를 말한다.

5) 삼학(三學) : 계(戒), 정(定), 혜(慧).

6) 5성(五性) : 법상종의 용어. 일체중생의 근기를 다섯 성품으로 나누어서 성불할 근기와 성불하지 못할 근기로 나누었다.

7) 유마 거사의 묵연 도리 : 유마 거사가 비야리성에서 그를 문병하러 온 문수보살과 법담을 할 때 잠자코 말이 없음으로 불이(不二)의 도리를 드러내 보인 일을 말한다.

8) 진공(眞空) : 색(色)이니 공(空)이니를 초월해서 누리는 경지.

기가 알맞는 것 같아 지혜가 갖추어진 데서 광명을 내어, 채찍 그림자만 보고도 달리는 말과 같은 상근기자(上根機者)들에게 널리 도움이 되고 있다.

후학(後學)들을 인도함에는 현묘한 진리를 드날리고 있고, 다른 이야기를 가져올 때에는 출처를 밝히고 있으며, 다듬어지지 않은 부분도 많으나 훌륭한 부분도 찾아볼 수 있었다. 모든 대사들이 대중에게 도리를 보일 때에 한결같은 소리로 펼쳐 보이고 있으니 영특한 이가 귀를 기울여 듣는다면 무수한 성인들이 증명한다 할 것이다. 개괄해서 들추어도 그것이 바탕이어서 한군데만 취해도 그대로가 옳다.

만일 별달리 더 붓을 댄다면 그 돌아갈 뜻을 잃을 것이다. 중국과 인도에서의 말이 이미 다르지 않은데 자칫하면 구슬에다 무늬를 새기려다 보배에 흠집을 낼 우려가 있기에, 이런 종류는 모두 그대로 두었다. 더욱이 일은 실제로 행한 것만을 취해 기록하여 틀림없이 잘 서술했으나 말이란 오래도록 남아 전해지는 까닭에 전혀 문장을 다듬지 않을 수는 없었다.

어떤 사연을 기록할 때엔 그 자취를 자세히 하였고 말이 복잡해지거나 이야기가 저속한 것이 있으면 모두 삭제하되 문맥이 통하게 하였다.

유교(儒敎)의 대신이나 거사(居士)의 문답에 이르러 벼슬자리와 성씨가 드러난 이는 연대와 역사에 비추어 잘못을 밝히고, 사적(史籍)에 따라 틀린 점을 바로잡아 믿을 만한 전기가 되게 하였다.

만일 바늘을 던져 맞추듯 한 치의 어긋남 없이 도리를 밝히는 일이 아니거나, 번갯불이 치듯 빠른 기틀을 내보이는 일이 아니거나, 묘하게 밝은 참 마음을 보이는 일이 아니거나, 고(苦)와 공(空)의 깊은 이치를 조사(祖師)의 뜻 그대로 기술(記述)하는 일이 아니라면, 어떻게 등불을 전한다는 전등(傳燈)이라는 비유에 계합(契合)하는 그 극진한 공덕을 베풀 수 있었겠는가?

만일 감응(感應)한 징조만을 서술하거나 참문하고 행각한 자취만을 기록한다 할 것 같으면 이는 이미 승사(僧史)에 밝혀져 있는 것이니, 어째서 선가(禪家)의 말씀을 군이 취하겠는가? 세대와 계보의 명칭을 남긴 것만이 아니라 스승과 제자가 이어지는 근거를 널리 기록하였다.

그러나 옛날 책에 실린 것을 보면 잘 다듬어지지 않은 내용을 수록하고 잘 다듬어진 것은 버린 일이 있는데, 다른 기록에 남아 있으면 해당하는 문장을 찾아 보완하고, 더욱 널리 찾아서 덧붙이기도 하였다. 또한 서문과 논설에 이르러 혹 옛 조사(祖師)의 문장이 아닌 것이 사이사이 섞이어 공연히 군소리가 되었으면 모두 간추려서 다 깎아버렸으니, 이같이 하여 1년 만에 일이 끝났다.

저희 신(臣)들은 성품과 식견이 우둔하고, 학문이 넓지 못하고, 기틀이 본래 얕고, 문장력은 부족하여 묘한 도리가 사람에게 달렸다고는 하나 마음에서 떠난 지 오래되고 깊은 진리를 나타내는 말이 세속에서 단절되어, 담벽을 마주한 듯 갑갑하게 지낸 적이 많았다. 과분하게도 추천해 주시는 은혜를 받았으나 아무 힘도 발휘하지 못했다. 편찬하는 일이 이미 끝났으므로 이를 임금님께 바친다. 그러나 임금님의 뜻에 맞지 않아, 임금님께서 거룩히 살펴보시는 데에 공연히 누만 끼치는 것이 아닌가 한다. 삼가 바친다.

한림학사조산대부행좌사간지제고동
수국사판사관사주국남양군개국후식읍
1천백호사자금어대신 양억 지음

景德傳燈錄序 昔釋迦文。以受然燈之夙記當賢劫之次補。降神演化四十九年。開權實頓漸之門。垂半滿偏圓之教。隨機悟理。爰有三乘之差。接物利生。乃度無邊之眾。其悲濟廣大矣。其軌式備具矣。而雙林入滅。獨顧於飲光。屈眴相傳。首從於達磨。不立文字直指心源。不踐楷梯徑登佛地。逮五葉而始盛。分千燈而益繁。達寶所者蓋多。轉法輪者非一。蓋大雄付囑之旨。正眼流通之道。教外別行不可思議者也。

聖宋啟運人靈幽贊。太祖以神武戡亂。而崇淨剎。闢度門。太宗以欽明禦辯。而述祕詮。暢真諦。皇上睿文繼志而序聖教繹宗風。煥雲章於義天。振金聲於覺苑。蓮藏之言密契。竺乾之緒克昌。殖眾善者滋多。傳了義者間出。圓頓之化流於區域。有東吳僧道原者。冥心禪悅。索隱空宗。披弈世之祖圖。采諸方之語錄。次序其源派。錯綜其辭句。由七佛以至大法眼之嗣。凡五十二世。一千七百一人。成三十卷。目之曰景德傳燈錄。詣闕奉進冀於流布。

皇上爲佛法之外護。嘉釋子之勤業。載懷重慎。思致悠久。乃詔翰林學士左司諫知制誥臣楊億。兵部員外郎知制誥臣李維。太常丞臣王曙等。同加刊削。俾之裁定。臣等昧三學之旨迷五性之方。乏臨川翻譯之能。懵毘邪語默之要。恭承嚴命。不敢牢讓。竊用探索匪遑寧居。考其論譔之意。蓋以真空爲本。將以述曩聖入道之因。標昔人契理之說。機緣交激。若拄於箭鋒。智藏發光。旁資於鞭影。

誘道後學。敷暢玄猷。而捃摭之來。徵引所出。糟粕多在。油素可尋。其有大士。示徒。以一音而開演。含靈聳聽。乃千聖之證明。屬概舉之是資。取少分而斯可。若乃別加潤色失其指歸。既非華竺之殊言。頗近錯雕之傷寶。如此之類悉仍其舊。況又事資紀實。必由於善敘。言以行遠。非可以無文。其有標錄事緣。縷詳軌跡。或辭條之紛糾。或言筌之猥俗。並從刊削。俾之綸貫。

至有儒臣居士之問答。爵位姓氏之著明。校歲歷以愆殊。約史籍而差謬。鹹用刪去。以資傳信。自非啟投針之玄趣。馳激電之迅機。開示妙明之真心。祖述苦空之深理。即何以契傳燈之喻。施刮膜之功。若乃但述感應之徵符。專敘參遊之轍跡。此已標於僧史。亦奚取於禪詮。聊存世系之名。庶紀師承之自然而舊錄所載。或掇粗而遺精。別集具存。當尋文而補闕。率加采擷。爰從附益。逮於序論之作。或非古德之文。間廁編聯徒增楦釀（楦釀二字出唐張燕公文集。謂冗長也）亦用簡別多所屏去。汔茲周歲方遂終篇。臣等性識媿於冥煩。學問慚於涉獵。天機素淺。文力無餘。妙道在人。雖刳心而斯久。玄言絕俗。固牆面以居多。濫膺推擇之私。靡著發揮之效。已克終於紬繹。將仰奉於清閒。莫副宸襟空塵睿覽。謹上。

翰林學士朝散大夫行左司諫知制誥同
修國史判史館事柱國南陽郡開國侯食邑
一千百戶賜紫金魚袋臣楊億 撰

승려 희위(希渭)의 경덕전등록 재발간사

호주로(湖州路) 도량산(道場山) 호성만세선사(護聖萬歲禪寺)의 늙은 중 희위(希渭)는 본관이 경원로(慶元路) 창국주(昌國州)이며 성은 동(董)씨다.

어릴 때부터 고향의 성에 있는 관음선사(觀音禪寺)에 가서 절조(絶照) 화상을 스승으로 삼았고, 법명(法名)을 받게 되어 자계현(慈溪懸) 개수(開壽)의 보광선사(普光禪寺)에 가서 용원(龍源) 화상에 의해 머리를 깎고 승려가 되었다.

그대로 오대율사(五臺律寺)로 가서 설애(雪涯) 화상에게 구족계를 받은 뒤에 짐을 꾸려 서쪽으로 향해 행각을 떠나 수행을 하다가 나중에 다시 은사이신 용원 화상을 만나 이 산으로 옮겨 왔다.

스승을 따라 배움에 참여하고 이로움을 구한 지 벌써 여러 해가 되었다. 항상 스승의 은혜를 생각하면서도 갚을 기회가 없었다. 그런데 삼가 윗대로부터의 부처와 조사들을 수록한 경덕전등록 30권을 보니 7불로부터 법안(法眼)의 법사(法嗣)에 이르기까지 전부 52세대(世代)인데, 경덕(景德)에서 연우(延祐) 병진년에 이르기까지 317년이나 지나서 옛 판본이 다 썩어버려 남아있지 않기 때문에 후학들이 보고 싶어도 볼 수가 없었다. 이에 발심하여 다시 간행한다.

홀연히 내 고향에 있는 천성선사(天聖禪寺)의 송려(松廬) 화상이 소장하고 있던, 여산(廬山)의 은암(隱庵)에서 찍은 옛 책이 가장 보존이 잘된 상태로 입수되었는데, 아주 내 마음에 들었다. 마침내 병진(丙辰)년 정월 10일에 의발 등속을 모두 팔아 1만 2천여 냥을 얻었다. 그날 당장에 공인(工人)에게 간행할 것을 명하여 조사의 도리가 세상에 유포되게 하였다. 이 책은 모두 36만 7천 9백 17자이다. 그해 음력 12월 1일에야 공인의 작업이 끝났다.

당장에 300부를 인쇄하여 전당강(錢塘江) 남북지역과 안중(安衆)지역[9]의 여러 명산(名山)의 방장(方丈)[10]과 몽당(蒙堂)[11]과 여러 요사(寮舍)[12]에 한 부씩을 비치케 하여 온 세상의 도를 분변(分辨)하는 참선납자(參禪衲子)들이 참구하기에 편하도록 하였다. 이를 잘 이용하여 사은(四恩)[13]을 갚고 아울러 삼유(三有)의 중생[14]에게도 도움이 되기 바란다.

대원(大元) 연우(延祐) 3년[15] 음력 12월 1일
늙은 중 희위(希渭)가 삼가 쓰고
젊은 비구 문아(文雅)가 간행을 감독하고
주지 비구 사순(士洵)이 간행하다.

---

9) 두 지역은 희위 스님의 고향인 호주(湖州)와 비교적 인접한 지역들이다.

10) 방장(方丈) : 절의 주지가 거처하는 방. 지금은 견성한 이가 아니더라도 주지를 맡고 있으나 그 당시에는 견성한 도인이라야 그 절의 주지를 맡았다. 따라서 방장에는 대체로 법이 높은 스님이 기거하는 경우가 대부분이었다.

11) 몽당(蒙堂) : 승사(僧寺)의 일에서 물러난 사람이 거처하는 방.

12) 요사(寮舍) : 절에서 대중이 숙식하는 방.

13) 사은(四恩) : 보시(布施), 자애(慈愛), 화도(化導), 공환(共歡)의 네가지 시은(施恩), 또는 부모(父母), 중생(衆生), 국왕(國王), 삼보(三寶)의 네가지 지은(知恩).

14) 삼유(三有)의 중생 : 욕계(慾界), 색계(色界), 무색계(無色界)의 삼계(三界)를 유전하는 미혹한 중생.

15) 서기 1316년.

차 례

일러두기

1. 대만에서 펴낸 『경덕전등록(景德傳燈錄)』(宋釋道原 編, 新文豐出版公司, 民國 75년, 1986년)에 의거해서 번역했으며 누락된 부분 없이 완역하였다.
2. 농선 대원 선사가 각 선사장마다 선리의 토끼뿔을 더하여 닦아 증득하는데 도움이 되도록 하였다.
3. 뜻이 통하지 않는데도 오자가 아닐 때는 옛 한문 사전에서 그 조사 당시에 그 글자가 어떻게 쓰였는가를 찾아 번역하였다. 예를 들어 '還'자가 돌아올 '환'으로가 아니라 영위할 '영'으로 쓰여 뜻이 통한 경우에는 '영위하다' '누리다'로 의역하였다.
4. 선사들의 생몰연대는 여러 기록된 내용이 일치하지 않거나 미상으로 되어 있는 바가 많아, 각 선사 당시의 나라와 왕의 연대, 불교의 상황 등을 역사학자들이 전문적으로 연구하여 밝혀야 할 부분이 있기에, 이 책에서는 여러 자료와 연구 결과가 일치된 내용만을 주에서 표기하였다.
5. 첨가한 주의 내용은 불교에 대한 지식이 없는 이들도 선문답을 참구해 가는데 도움이 되도록 간략하게 달았으며, 주의 내용에 따라서는 사전적인 뜻보다는 선리(禪理)로서 그 뜻을 밝혀 마음에 비추어 참구할 수 있도록 하였다.

7권 법계보

남악(南嶽) 회양(懷讓) 선사의 제2세 중 45인(마조의 법손)

- 담주(潭州) 삼각산(三角山) 총인(總印) 선사
- 지주(池州) 노조산(魯祖山) 보운(寶雲) 선사
- 홍주(洪州) 늑담(泐潭) 상흥(常興) 선사
- 건주(虔州) 서당(西堂) 지장(智藏) 선사
- 경조부(京兆府) 장경사(章敬寺) 회운(懷惲) 선사
- 정주(定州) 백암(栢巖) 명철(明哲) 선사
- 신주(信州) 아호(鵝湖) 대의(大義) 선사
- 이궐(伊闕) 복우산(伏牛山) 자재(自在) 선사
- 유주(幽州) 반산(盤山) 보적(寶積) 선사
- 비릉(毘陵) 부용산(芙蓉山) 태육(太毓) 선사
- 포주(蒲州) 마곡산(麻谷山) 보철(寶徹) 선사
- 항주(杭州) 염관(鹽官) 제안(齊安) 선사
- 무주(婺州) 오설산(五洩山) 영묵(靈默) 선사
- 명주(明州) 대매산(大梅山) 법상(法常) 선사
- 경조(京兆) 흥선사(興善寺) 유관(惟寬) 선사
- 호남(湖南) 동사(東寺) 여회(如會) 선사
- 악주(鄂州) 무등(無等) 선사
- 여산(廬山) 귀종사(歸宗寺) 지상(智常) 선사

7권 법계보

(이상 18인은 본문에 기록되어 있다. 원주)

- 소주(韶州) 저경산(渚涇山) 청하(淸賀) 선사
- 자음산(紫陰山) 유건(惟建) 선사
- 봉산(封山) 홍준(洪濬) 선사
- 연산(練山) 신완(神翫) 선사
- 굴산(崛山) 도원(道圓) 선사
- 옥대(玉臺) 유연(惟然) 선사
- 지주(池州) 회산(灰山) 담기(曇覬) 선사
- 형주(荊州) 신사(新寺) 보적(寶積) 선사
- 하중부(河中府) 법장(法藏) 선사
- 한남(漢南) 자비사(慈悲寺) 양진(良津) 선사
- 경조부(京兆府) 숭(崇) 선사
- 남악(南嶽) 지주(智周) 선사
- 백호(白虎) 법선(法宣) 선사
- 금굴(金窟) 유직(惟直) 선사
- 태주(台州) 백암(栢巖) 상철(常徹) 선사
- 건원(乾元) 휘(暉) 선사
- 제주(齊州) 도암(道巖) 선사
- 양주(襄州) 상견(常堅) 선사
- 형남(荊南) 보정(寶貞) 선사

7권 법계보

- 운수(雲水) 정종(靖宗) 선사
- 형주(荊州) 영태사(永泰寺) 영단(靈湍) 선사
- 담주(潭州) 용아산(龍牙山) 원창(圓暢) 선사
- 홍주(洪州) 쌍령(雙嶺) 도방(道方) 선사
- 나부산(羅浮山) 수광(修廣) 선사
- 현산(峴山) 정경(定慶) 선사
- 월주(越州) 동천(洞泉) 유헌(惟獻) 선사
- 광명(光明) 보만(普滿) 선사

(이상 27인은 본문에 기록되어 있지 않다. 원주)

남악(南嶽) 회양(懷讓) 선사의 제2세(마조의 법손)

회양(懷讓) 선사의 제2세 법손

담주(潭州) 삼각산(三角山) 총인(總印) 선사

총인 선사에게 어떤 승려가 물었다.
"어떤 것이 삼보(三寶)입니까?"
대사가 말하였다.
"벼, 보리, 콩이니라."
"학인(學人)이 잘 모르겠습니다."
"대중은 흔연히 받들어 지닌다."

懷讓禪師第二世法嗣 潭州三角山總印禪師。僧問。如何是三寶。師曰。禾麥豆。曰學人不會。師曰。大衆欣然奉持。

대사가 법상에 올라 말하였다.

“만일 이 일을 말하자면 눈썹을 위로 찡긋만 해도 이미 어긋난다.”

마곡(麻谷)이 얼른 물었다.

“눈썹을 위로 찡긋하는 일은 묻지 않겠습니다. 어떤 것이 이 일입니까?”

대사가 말하였다.

“벌써 어긋났다.”

이에 마곡이 선상을 흔들었다.

대사가 때리니, 마곡은 말이 없었다.[1)]

師上堂曰。若論此事眨上眉毛早已蹉過也。麻谷便問。眨上眉毛即不問。如何是此事。師曰。蹉過也。麻谷乃掀禪床。師打之。麻谷無語(長慶代悄然)。

1) 장경(長慶)이 대신 말하기를 “용렬하구나.” 하였다. (원주)

 토끼뿔

대사가 때리니 마곡이 말이 없었는데,

방망이가 몸에 닿기 전에 휘어잡고 "그쳐야 할 때 그칠 줄도 알아야 후환이 없습니다." 했어야 했다.

지주(池州) 노조산(魯祖山) 보운(寶雲) 선사

보운 선사에게 어떤 승려가 물었다.
"어떤 것이 모든 부처님의 스승입니까?"
대사가 말하였다.
"머리 위에 보배관을 쓴 이가 바로 그 아니냐."
승려가 물었다.
"어찌 하여야 합니까?"
대사가 말하였다.
"머리 위에 보배관이 없다."

동산(洞山)이 뵈러 와서 절을 하고 모시고 서 있다가 잠깐 나갔다 다시 들어왔다.
대사가 그에게 말하였다.
"그렇고 그러한 까닭이 이렇구나."

池州魯祖山寶雲禪師。問如何是諸佛師。師云。頭上有寶冠者不是。僧云。如何即是。師云。頭上無寶冠。洞山來參禮拜後侍立少頃而出。却再入來。師云。只恁麼只恁麼所以如此。

동산이 말하였다.

"많은 사람들이 수긍하지 않습니다."

대사가 말하였다.

"내가 어찌하여야 그대의 말재주를 감당하겠는가?"

동산이 몇 달 동안 시봉을 하였다.

어떤 승려가 물었다.

"어떤 것이 말 없는 말입니까?"

대사가 말하였다.

"그대의 입은 어디에 있는가?"

"입이 없습니다."

"무엇을 가지고 밥을 먹는가?"

그 승려가 대답이 없었다.[2)]

洞山云。大有人不肯。師云。作麼取汝口辨。洞山乃侍奉數月。僧問。如何是言不言。師云。汝口在什麼處。僧云。無口。師云。將什麼喫飯。僧無對(洞山代云。他不飢喫什麼飯)。

2) 동산(洞山)이 대신 말하기를 "그이는 시장하지 않거늘 무엇을 먹겠는가?" 하였다. (원주)

대사는 항상 승려가 오는 것을 보면 얼른 벽을 향하였다. 남전(南泉)이 이 말을 듣고 말하였다.

"내가 항상 승려들에게 말하기를 부처님이 세상에 나시기 전에 알았다 해도 아직까지 하나의 반도 얻지 못했다고 했는데, 그가 그렇게 한다면 당나귀 해[3]에나 이르리라 여긴다."[4]

師尋常見僧來便面壁。南泉聞云。我尋常向僧道。向佛未出世時會取。尚不得一箇半箇。他恁麼地驢年去(玄覺云。為復唱和語不肯語。保福問長慶。只如魯祖節文在什麼處被南泉恁麼道。長慶云。退己讓於人。萬中無一箇。羅山云。陳老師當時若見。背上與五火抄。何故如此。為伊解放不解收。玄沙云。我當時若見也與五火抄。雲居錫云。羅山玄沙總恁麼道。為復一般別有道理若擇得出。許上坐佛法有去處。玄覺云。且道。玄沙五火抄。打伊著不著)。

3) 12간지에 당나귀 해는 들어있지 않으므로, 결코 될 날이 없다는 것을 비유한다.
4) 현각(玄覺)이 말하기를 "그것을 긍정하는 말인가, 부정하는 말인가?" 하였다.
보복(保福)이 장경(長慶)에게 묻기를 "노조의 질문은 어디에 있었기에 남전이 이렇게 말하게 되었는가?" 하니, 장경이 대답하기를 "자기가 물러서고 남에게 양보하는 이는 만에 하나도 없다." 하였다.
나산(羅山)이 말하기를 "진노사(陳老師)를 당시에 보았더라면 등에다가 뜸 다섯 방을 떠주었을 것이다. 왜 그렇겠는가? 그가 놓을 줄만 알고 거둘 줄을 모르기 때문이다." 하였다.
현사(玄沙)가 말하기를 "내가 당시에 보았더라면 그도 다섯 방을 떠주었을 것이다." 하였다.
운거석(雲居錫)이 말하기를 "나산과 현사가 모두 이렇게 말했는데 같은가, 다른가? 가려낼 수 있다면 상좌의 불법에 메인 곳을 풀었다 허락하리라." 하였다.
현각(玄覺)이 말하기를 "말해 봐라. 현사가 다섯 방을 뜬다는 말이 그를 때린 것인가, 때리지 못한 것인가?" 하였다. (원주)

 토끼뿔

"어떤 것이 말 없는 말입니까?" 했을 때

대원은 "잘 듣고 잘 전하라." 하고,

또 그 선승이 대답이 없을 때도

대원은 "할 것이 없어서 흙덩이 쫓는 개의 후견 노릇을 하느냐?" 하며 한 방망이를 내렸을 것이다.

험.

홍주(洪州) 늑담(泐潭) 상흥(常興) 선사

어떤 승려가 물었다.

"어떤 것이 조계문하(曹谿門下)의 손님입니까?"

대사가 말하였다.

"남쪽에서 온 제비니라."

"학인은 모르겠습니다."

"깃(羽)을 길러 가을바람을 기다리는 것이니라."

어떤 승려가 물었다.

"어떤 것이 종승의 지극한〔極則〕[5] 일입니까?"

대사가 말하였다.

"가을비에 풀이 흐트러진 것이니라."

洪州泐潭常興禪師。僧問。如何是曹谿門下客。師云。南來燕。僧云。學人不會。師云。養羽候秋風。僧問。如何是宗乘極則事。師云。秋雨草離披。

---

5) 극칙(極則) : 원문의 극칙(極則)은 궁극의 진리라는 뜻이다.

또 남전이 몸소 와서 대사가 벽을 향해 앉은 것을 보고 등을 문지르니, 대사가 물었다.

"누구요?"

남전이 말하였다.

"보원(普願)입니다."

"어떠한가?"

"항상 이러할 뿐입니다."

대사가 말하였다.

"그대는 어찌 그리 일이 많은가?"

又南泉躬至見師面壁乃拊師背。問汝是阿誰。曰普願。師曰。如何。曰也尋常。師曰。汝何多事。

 토끼뿔

진실한 이 문중의 사람이라면 늑담 상홍 선사의 "그대는 어찌 그리 일이 많은가?"라고 한 경지가 바로 자신의 경지일 터이니 알겠는가?

부처도 조사도 초월했다 함으로도 미치지 못한다 하리라.

제비는 빨랫줄서 노래하고
솔개는 하늘 높이 떠 논다
험.

건주(虔州) 서당(西堂) 지장(智藏) 선사

지장 선사[6]는 건화(虔化) 사람으로 성은 료(廖)씨이다. 8세에 출가하여 25세에 구족계를 받았는데 어떤 관상쟁이가 그의 특이한 모습을 보고 말하였다.

"스님의 기골이 비범하니 반드시 법왕의 보좌가 되겠습니다."

대사는 마침내 불적암(佛迹巖)으로 가서 대적〔馬祖〕에게 참문하고 백장 회해 선사와 함께 입실하여 모두 인가를 받았다.

하루는 대적〔馬祖〕이 대사를 장안에 파견하여 혜충 국사에게 편지를 전하게 하였다.

국사가 물었다.

"그대의 스승이 무슨 법을 설하던가?"

虔州西堂智藏禪師者。虔化人也。姓廖氏。八歲從師。二十五具戒。有相者覩其殊表。謂之曰。師骨氣非凡。當為法王之輔佐也。師遂往佛迹巖參禮大寂。與百丈海禪師同為入室。皆承印記。一日大寂遣師詣長安。奉書于忠國師。國師問曰。汝師說什麼法。

6) 지장 선사(735 ~ 814).

대사가 동쪽에서 서쪽으로 가서 서니, 국사가 말하였다.

"그것뿐인가, 그 밖에 또 있는가?"

대사가 다시 동쪽으로 가서 서니, 국사가 말하였다.

"그것은 마조 대사의 것이니, 그대의 것은 무엇인가?"

대사가 대답하였다.

"벌써 화상께 바쳤습니다."

얼마 후에 또 경산의 국일 선사에게도 글을 전하였는데, 때마침 제후의 수장〔連帥〕[7]인 노사공이 대적을 고을로 맞이하여 장차 성대하게 교화하리라는 예언에 부응하려고〔應期〕[8] 하였다.

대사가 고을로 돌아오니, 마조가 마납가사를 주면서 학자들을 제접하라 하였다.

師從東過西而立。國師曰。只這箇更別有。師却過東邊立。國師曰。這箇是馬師底。仁者作麼生。師曰。早箇呈似和尚了。尋又送書往徑山與國一禪師[9]。屬連帥路嗣恭延請大寂居府應期盛化。師迴郡得大寂付受[10]納袈裟令學者親近。

7) 연수(連帥) : 원문의 연수(連帥)는 고대 십국(十國)의 제후의 수장을 뜻한다.
8) 응기(應期) : 원문의 응기(應期)는 시대의 운에 순응하다라는 뜻이다.
9) 國一章에 있는 말이다.
10) 受가 원나라본에는 授로 되어 있다.

어떤 승려가 마조에게 물었다.

"청컨대 화상께서 사구백비(四句百非)[11]를 여의고, 조사께서 서쪽에서 오신 뜻을 똑바로 저에게 말씀해 주십시오."

마조가 말하였다.

"나는 오늘 생각이 없으니 그대는 지장에게 가서 물어라."

그 승려가 대사에게 와서 물으니, 대사가 말하였다.

"그대는 왜 화상께 묻지 않았는가?"

그 승려가 말하였다.

"화상께서 저에게 상좌(上座)께 물어보라고 하셨습니다."

대사가 손으로 머리를 만지면서 말하였다.

僧問馬祖。請和尚離四句絕百非。直指某甲西來意。祖云。我今日無心情。汝去問取智藏。其僧乃來問師。師云。汝何不問和尚。僧云。和尚令某甲來問上座。師以手摩頭云。

---

11) 사구백비(四句百非) : 사구(四句)란 일·이·유·무(一異有無)의 네가지 범주를 말한다. 일(一)이란 모든 것은 하나로 돌아간다는 견해이다. 즉 하나가 전부이다. 이(異)는 하나가 아니라는 견해 즉 모든 사물은 천차만별이어서 결코 하나가 아니고 다르다는 견해를 말한다. 유(有)는 있다는 것, 무(無)는 없다는 것이다.
백비(百非)는 사구로부터 나온다. 이를테면 유를 보면 有, 非有, 有亦非有, 非有亦非非有로 되며 一異有無 네 가지이므로 16개가 되며, 이 16개가 다시 과거, 현재, 미래 삼세가 되니 48개가 된다. 여기에 이미 일어난 것과 일어나지 않은 것으로 나누어 합치면 96이 되고 처음의 사구를 합치면 100이 된다. 이렇게 하여 백비라 한다. 백비는 일체의 언어표현을 말한다.

"오늘은 머리가 아프니 그대는 회해 사형께 가서 물어라."

그 승려가 다시 회해〔百丈和尙〕에게 가서 물으니, 회해가 말하였다.

"나도 이 속에 이르러서는 안 것이 없다."

그 승려가 마조에게 가서 이야기하니, 마조가 말하였다.

"지장의 머리는 희고, 회해의 머리는 검다."

마조가 어느 날 대사에게 물었다.

"그대는 왜 경을 보지 않는가?"

대사가 말하였다.

"경인들 어찌 다를 것이 있겠습니까?"

"비록 그렇기는 하지만 그대가 뒷날에 남을 위할 때에는 역시 필요할 것이다."

"저는 병이 나서 스스로 휴양이나 하려는데 감히 남을 위한다 말할 수 있겠습니까?"

"그대의 법이 말년에는 반드시 세상에 흥하리라."

今日頭疼。汝去問海師兄。其僧又去問海(百丈和尙)海云。我到遮裏却不會。僧乃擧似馬祖。祖云。藏頭白海頭黑。馬祖一日問師云。子何不看經。師云。經豈異耶。祖云。然雖如此。汝向後為人也須得。曰智藏病思自養。敢言為人。祖云。子末年必興於世也。

대사는 마조가 열반에 든 뒤 당의 정원(貞元) 7년에 대중의 청에 의하여 개당(開堂)하여 교화를 시작하였다.

상서(尙書)[12]인 이고(李翱)라는 이가 일찍이 어떤 승려에게 물었다.

"마 대사께서 어떤 설법을 하셨습니까?"

승려가 대답하였다.

"대사께서 어떤 때는 마음이 곧 부처라 하기도 하고, 어떤 때는 마음도 부처도 아니라 하기도 하셨습니다."

이고가 말하였다.

"모두가 가〔邊〕를 초월했군요."

이고가 다시 대사에게 물었다.

"마 대사께서 무어라고 설법하셨습니까?"

대사가 이고를 불렀다.

이고가 대답하니 대사가 말하였다.

"북과 피리 소리가 나는구나."

馬祖滅後。師唐貞元七年衆請開堂。李尙書翺嘗問僧。馬大師有什麼言教。僧云。大師或說即心即佛。或說非心非佛。李云。總過這邊。李却問師。馬大師有什麼言教。師呼李翺。翺應諾。師云。鼓角動也。

12) 상서(尙書) : 상서성의 장관.

제공 선사가 대사에게 말하였다.
"해가 너무 일찍 떴군요."
대사가 말하였다.
"바로 이때다."

대사가 서당사(西堂寺)에 살기 시작한 뒤에 어떤 속인 도사가 와서 물었다.
"천당과 지옥이 있습니까?"
대사가 말하였다.
"있다."
"불 · 법 · 승 삼보는 있습니까?"
"있다."
그 밖에 여러 가지를 물었으나 모두 있다고만 대답하였다.
"화상께서 그렇게 말씀하시는 것이 잘못 아신 것 아닙니까?"
"그대가 일찍이 어떤 존숙을 만난 적이 있는가?"
"제가 일찍이 경산 화상을 뵙고 왔습니다."

制空禪師謂師曰。日出太早生。師曰。正是時。 師住西堂。後有一俗士問。有天堂地獄否。師曰有。曰有佛法僧寶否。師曰。有。更有多問盡答言有。曰和尚恁麼道莫錯否。師曰。汝曾見尊宿來耶。曰某甲曾參徑山和尚來。

대사가 말하였다.

"경산이 그대에게 무어라 하던가?"

"그분은 모든 것이 다 없다고 하셨습니다."

"그대에게 아내가 있는가?"

"있습니다."

"경산 화상도 아내가 있는가?"

"없습니다."

"경산 화상이 없다고 한 것이 맞는구나."

속인 도사가 절하고 물러갔다.

대사가 원화(元和) 9년 4월 8일에 열반에 드니, 수명은 80세요, 법랍은 55세였다.

헌종(憲宗)이 대선교 선사(大宣教禪師)라는 시호를 하사하고, 탑을 원화증진(元和證眞)이라 하였다가 목종(穆宗) 때에 다시 대각 선사(大覺禪師)라는 시호를 하사하였다.

師曰。徑山向汝作麼生道。曰他道一切總無。師曰。汝有妻否。曰有。師曰。徑山和尚有妻否。曰無。師曰。徑山和尚道無即得俗士禮謝而去。師元和九年四月八日歸寂。壽八十臘五十五。憲宗謚大宣教禪師。塔曰元和證真。至穆宗重謚大覺禪師。

토끼뿔

지장, 회해를 거쳐 온 이야기를 다 듣고 마조께서 "지장의 머리는 희고, 회해의 머리는 검다." 했는데, 이 무슨 도리라 하겠는가?

(조용히 한동안 있다가)

무등산 정상에는 눈이 희고
동산의 양지에는 꽃 붉으며
동네앞 어느 새댁 옷이 곱다

경조부(京兆府) 장경사(章敬寺) 회운(懷惲) 선사

회운 선사는 천주(泉州) 동안(同安) 사람으로 성은 사(謝)씨이다. 대적의 심인을 받고 처음에는 정주(定州)의 백암(柏岩)에 살다가 나중에 중조산(中條山)에 살았다. 당의 원화 초에 헌종의 조칙에 의하여 상현사(上玄寺)에 사니 학자들이 모여들었다.

대사가 법상에 올라 대중에게 말하였다.

"지극한 이치는 말을 떠났거늘 요새 사람이 알지 못하고 억지로 다른 일을 익히는 것으로 공능(功能)[13]을 삼는다. 제 성품에 원래 티끌 경계라 할 것이 없어, 그대로가 미묘한 큰 해탈문임을 알지 못한다.

京兆府章敬寺懷惲禪師。泉州同安人也。姓謝氏。受大寂心印。初住定州柏巖。次止中條山。唐元和初憲宗詔居上玄寺[14]學者奔湊。師上堂示徒曰。至理忘言時人不悉。彊習他事以為功能。不知自性元非塵境。是箇微妙大解脫門。

---

13) 공능(功能) : 공덕(功德)과 재능(才能).

14) 玄寺가 송, 원나라본에는 寺玄으로 되어 있다.

모든 것을 깨달음으로 비추면 물들거나 걸리지 않으니, 이러한 광명은 잠시도 그친 적도 폐한 적도 없어 지난 겁부터 지금까지 변함이 없다. 마치 해가 멀고 가까운 곳을 비추어 온갖 물질에 닿으나 온갖 것과 섞이지 않는 것과 같다.

신령스런 묘한 광명은 닦음이 필요치 않거늘 깨닫지 못하였기 때문에 물상으로 취하니, 이는 다만 눈을 비비어 허공에 꽃이 망령되게 일어나는 것과 같아서 헛되이 수고롭게 여러 겁을 지낼 뿐이다. 만일 능히 돌이켜 반조하여 몸이랄 것이 따로 없으면, 들고 놓는 온갖 동작이 실상을 저버리지 않는다."

어떤 승려가 물었다.

"마음과 법이 모두 없어지면 어디로 돌아갑니까?"

대사가 말하였다.

所有鑒覺不染不礙。如是光明未曾休廢。曩劫至今固無變易。猶如日輪遠近斯照。雖及眾色不與一切和合。靈燭妙明非假鍛鍊。為不了故取於物象。但如捏目妄起空華。徒自疲勞枉經劫數。若能返照無第二人。舉措施為不虧實相。僧問心法雙亡指歸何所。師曰。

"영인(郢人)[15]은 티도 묻지 않았거늘 헛된 도끼질만 하는구나."[16]

"바꾸지 못할 말을 청합니다."

대사가 말하였다.

"바로 바꾸지 못할 구절이다."[17]

백장 화상의 명을 받은 한 승려가 와서 기다리고 있다가 대사가 상당하자, 방석을 펴고 절을 한 뒤에 일어나서 신 한 짝을 벗어들고 장삼소매로 먼지를 털어 신을 뒤집어 놓으니, 대사가 말하였다.

"노승의 죄이니라."

郢人無污徒勞運斤。曰請師不返之言。師曰。即無返句(後人舉之於洞山。洞山云。道即甚易。罕遇作家)。百丈和尚令一僧來伺候。師上堂次。展坐具禮拜了。起來拈師一隻靸鞋。以衫袖拂却塵了。倒覆向下。師曰。老僧罪過。

---

15) 영인(郢人) : 영(郢) 땅에 사는 사람. 영(郢)은 옛 초나라의 도읍을 말한다.

16) 장자가 어느 날 혜자(惠子)의 묘 앞을 지나다가 그의 제자들을 돌아보고 이렇게 말했다. "옛날 초(楚)나라의 도읍인 영(郢) 땅에 사는 어떤 사람이 흰 흙을 코끝에다 마치 파리 날개처럼 엷게 발랐다. 그리고는 장석(匠石)을 불러 그것을 깎아내라고 했다. 장석이 바람이 일어날 정도로 도끼날을 휘둘렀는데 영인(郢人)은 태연하게 있었다. 흰 흙은 깨끗이 깎였지만 코끝은 조금도 상하지 않았다. 송(宋)나라의 원군(元君)이 이 말을 듣고 장석을 불러, '시험삼아 내게도 그렇게 해 봐라.'라고 했다. 장석이 말하기를, '저는 이전에 그것을 훌륭하게 해냈지만 지금은 영인(郢人)이 죽은 지 이미 오래입니다.'라고 대답했다."

17) 뒷사람이 동산(洞山)에게 말하니 동산이 말하기를 "말하기는 어렵지 않으나 작가(作家)를 만나기 힘들다." 하였다. (원주)

어떤 이가 물었다.

"조사들이 전하는 심지법문은 진여의 마음입니까? 망상의 마음입니까? 진도 망도 아닌 마음입니까? 삼승교 밖에 따로 존립하는 마음입니까?"

대사가 말하였다.

"그대는 눈앞의 허공을 보는가?"

"항상 눈앞에 있어 믿어 알건만 사람들은 스스로 보지 못합니다."

"그대가 그림자를 잘못 안 것이 아닌가?"

"화상께서는 어떻게 하시겠습니까?"

대사가 손으로 허공을 세 번 튕기니, 그가 말하였다.

"어떻게 하여야 옳습니까?"

"그대는 이후에 알게 될 것이다."

어떤 승려가 와서 대사를 세 번 돌고 석장을 구른 뒤에 섰으니, 대사가 말하였다.

或問。祖師傳心地法門。為是真如心。妄想心。非真非妄心。為是三乘教外別立心。師曰。汝見目前虛空麼。曰信知常在目前人自不見。師曰。汝莫認影像。曰和尚作麼生。師以手撥空三下曰。作麼生即是。師曰。汝向後會去在。有一僧來繞師三匝振錫而立。師曰。

"옳다. 옳다."[18]

그 승려가 다시 남전에게 가서 또 남전을 세 번 돌고 석장을 구르고 섰으니, 남전이 말하였다.

"틀렸다. 틀렸어. 이것은 바람 기운으로 된 것이니, 끝내는 무너진다."

그 승려가 말하였다.

"장경 화상께서는 옳다 하셨는데 화상께서는 어찌하여 틀렸다 하십니까?"

남전이 말하였다.

"장경은 옳거니와 그대는 옳지 못하다."[19]

是是(長慶代云。和尚佛法身心何在)。其僧又到南泉。亦繞南泉三匝振錫而立。南泉云。不是不是。此是風力所轉始終成壞。僧云。章敬道是。和尚為什麼道不是。南泉云。章敬即是是汝不是(長慶代云。和尚是什麼心行。雲居錫云。章敬未必道是。南泉未必道不是。又云。遮僧當初但持錫出去恰好)。

---

18) 장경(長慶)이 대신 말하기를 "화상의 불법에는 몸과 마음이 어디에 있을까?" 하였다. (원주)

19) 장경(長慶)이 대신 말하기를 "화상은 그 무슨 심행이십니까?" 하였다.
운거석(雲居錫)이 말하기를 "장경이 꼭 옳다고 한 것도 아니요, 남전이 꼭 틀리다고 한 것도 아니다." 하였다. 또 말하기를 "그 승려가 애초에 석장을 들고 나갔더라면 좋았을 것이다." 하였다. (원주)

젊은 승려 하나가 행각(行脚)[20] 길에서 돌아오니 대사가 물었다.
"그대가 여기를 떠난 지 몇 해나 되었는가?"
그 승려가 대답하였다.
"화상의 곁을 떠난 지 8년이 되었습니다."
"무엇을 얻었는가?"
그 승려가 땅에다 원상 하나를 그리니, 대사가 물었다.
"그것뿐인가? 또 무엇이 있는가?"
그 승려가 동그라미를 지워버리고 절을 하였다.

어떤 승려가 물었다.
"사대(四大)와 오온(五蘊)으로 된 몸에서 어떤 것이 본래의 불성입니까?"
대사가 그 승려의 이름을 불렀다. 그 승려가 대답하자, 대사가 말없이 보이고 말하였다.
"그대는 불성이 없다."

師有小師行脚迴。師問曰。汝離此間多少年耶。曰離和尚左右將及八年。師曰。辦得箇什麼。小師於地畫一圓相。師曰。只這箇更別有。小師乃畫破圓相後禮拜。僧問。四大五蘊身中。阿那箇是本來佛性。師乃呼僧名。僧應諾。師良久曰。汝無佛性。

20) 행각(行脚) : 선종(禪宗)의 승려가 여러 곳을 다니며 수행하는 것.

당의 원화 13년 12월 22일에 열반에 드니, 탑을 파수(灞水)에 세웠다. 시호를 대각선사(大覺禪師)라 하고 탑호는 대보상(大寶相)이라 하였다.

唐元和十三年十二月二十二日示滅。建塔於灞水。勅謚大覺禪師大寶相之塔。

"틀렸다. 틀렸어. 이것은 바람 기운으로 된 것이니, 끝내는 무너진다." 했을 때

그 선승이 무엇이라 했어야 남전의 입이 꽁꽁 얼어붙게 되겠는가?

(한동안 조용히 있다가)

악!

정주(定州) 백암(柏巖) 명철(明哲) 선사

명철 선사가 약산 화상이 경을 보는 것을 보고 말하였다.
"화상은 사람을 희롱하는 것을 좋아하지 마십시오."
약산이 경을 덮어놓고 물었다.
"때가 이른가, 늦은가?"
대사가 대답하였다.
"딱 정오입니다."
약산이 말하였다.
"아직도 그런 흔적이 남았는가?"
"저라는 것도 없습니다."
"노형은 몹시도 총명하군."

定州柏巖明哲禪師。甞見藥山和尚看經。因語之曰。和尚莫猱人好。藥山置經云。日頭早晚也。師云。正當午也。藥山云。猶有文采在。師云。某甲[21]亦無。藥山云。老兄好聰明。

---

21) 원나라본에는 甲 다음에 無가 있다.

대사가 말하였다.

"저는 다만 이러합니다만 화상은 어떠하십니까?"

"절름절름 하면서 백 천 가지 못생긴 꼴로 그럭저럭 세월을 보낸다."

師云。某甲只恁麼和尚作麼生。藥山云。跛跛挈挈百醜千拙。且恁麼過時。

 토끼뿔

"아직도 그런 흔적이 남았는가?" 하니 "저라는 자체도 없습니다." 했는데

"지금 말하는 것은 무엇인가?" 해서
응해 오는 것을 보아 한 번쯤 이끌어 주었어야 했다.
험.

신주(信州) 아호(鵝湖) 대의(大義) 선사

대의 선사는 구주(衢州)의 수강(須江) 사람으로 성은 서(徐)씨이다.

이고가 대사에게 이렇게 물은 적이 있다.

"관세음보살께서는 천 개의 손과 천 개의 눈으로 무엇을 하십니까?"

대사가 말하였다.

"임금께서 상공을 기용한 뜻이 무엇이겠소?"

어떤 승려가 탑을 세우기를 권하니 상서인 이고가 물었다.

"교리에 말하기를 시체를 가지고 탑 밑으로 지나지 말라고 하였는데 어찌하겠소?"

그 승려가 대답을 못했다가 다음 날 다시 대사에게 와서 물으니, 대사가 말하였다.

信州鵝湖大義禪師者。衢州須江人也。姓徐氏。李翺甞問師。大悲用千手眼作麼。師云。今上用公作麼。有一僧乞置塔。李尚書問云。教中不許將屍塔下過。又作麼生。無對。僧却來問師。師云。

"그는 대천제(大闡提)[22]가 되어서 그렇다."

당의 현종이 조서를 보내 대사를 대궐로 청해다가 인덕전(麟德殿)에서 강의를 들었는데 어떤 법사가 물었다.

"어떤 것이 사제(四諦)[23]입니까?"

대사가 말하였다.

"성상(聖上)[24]이 1제(一帝)[25]이니 나머지 3제는 어디에 있는가?"

법사가 또 물었다.

"욕계에는 선정이 없고 색계에나 선정이 있거늘, 이 땅에서 무엇을 근거로 하여 선정을 세웠습니까?"

"법사는 욕계에 선정이 없는 것만 알고, 선계(禪界)에 욕망이 없는 것은 모르는가?"

법사가 말하였다.

"어떤 것이 선(禪)입니까?

他得大闡提。唐憲宗嘗詔入內。於麟德殿論議。有一法師問。如何是四諦。師云。聖上一帝三帝何在。又問。欲界無禪禪居色界。此土憑何而立禪。師云。法師只知欲界無禪。不知禪界無欲。法師云。如何是禪。

---

22) 대천제(大闡提) : 성불할 수 없는 무리의 이름.

23) 사제(四諦) : 사성제(四聖諦)라고도 하며, 고제(苦諦), 집제(集諦), 멸제(滅諦), 도제(道諦)의 네 가지 진리.

24) 성상(聖上) : 자기 나라 임금의 높임말.

25) 諦와 帝가 음이 같은 것을 이용했다.

대사가 손으로 허공에 점을 찍으니, 법사는 대답이 없었다.

이때 황제가 말하였다.

"법사는 무궁한 경론을 강설하지만 저 한 점은 어찌 하지 못하는구나."

대사가 문득 여러 석덕(碩德)[26]에게 물었다.

"다니고 멈추고 앉고 누울 때에 필경 무엇으로 도를 삼는가?"

어떤 이가 아는 것이 도라 하니, 대사가 말하였다.

"지혜로 알 수 없고 식으로 인식할 수 없거늘 어찌 아는 것이 도라 하겠는가?"

어떤 이는 분별없음이 도라 하니, 대사가 말하였다.

"모든 법상을 잘 분별하나 제1의제(第一義諦)[27]에서는 움직임도 아니거늘 어찌 분별없음을 도라 하겠는가?"

어떤 이는 사선팔정(四禪八定)[28]이 도라 하니, 대사가 말하였다.

師以手點空。法師無對。帝云。法師講無窮經論。只這一點尚不奈何。師却問諸碩德曰。行住坐臥畢竟以何為道。有對曰。知者是道。師曰。不可以智知。不可以識識。安得知者是道乎。有對無分別是道。師曰。善能分別諸法相。於第一義而不動安得無分別是道乎。有對四禪八定是道。師曰。

---

26) 석덕(碩德) : 덕이 높은 스님.

27) 제1의제(第一義諦) : 깊고 묘한 진리로 모든 법 가운데 제일이라는 뜻.

28) 사선팔정(四禪八定) : 사선은 색계의 네 선정, 팔정은 색계의 네 선정과 무색계의 사무색정을 말한다.

"부처의 몸은 무위(無爲)여서 온갖 수효에 떨어지지 않거늘 어찌 사선팔정에 있겠는가?"

대중은 모두가 말문이 막혔다.

대사는 또 순종(順宗)이 시리 선사(尸利禪師)에게 '온 누리의 중생이 어찌하여야 성품을 보고 부처를 이루겠는가?'라고 묻자, 시리 선사가 '불성은 물속의 달과 같아서 볼 수는 있으나 취할 수는 없습니다.'라고 대답한 것을 들어서 황제에게 말하였다.

"불성은 보는 것도 아니니, 마음으로 본다고 할 뿐입니다. 물속의 달을 어떻게 건지겠습니까?"

황제가 물었다.

"어떤 것이 불성이오?"

"폐하께서 물으신 바를 여의지 않았나이다."

황제가 참 종지에 묵묵히 계합하여 더욱 공경하였다.

佛身無為不墮諸數。安在四禪八定耶。眾皆杜口。師又舉。順宗問尸利禪師。大地眾生如何得見性成佛。尸利云。佛性猶如水中月。可見不可取。因謂帝曰。佛性非見心見。水中月如何攫取。帝乃問。何者是佛性。師對曰。不離陛下所問。帝默契真宗益加欽重。

대사는 원화 17년 정월 7일에 열반에 드니, 수명은 74세요, 시호를 혜각 선사라 하고 탑호는 견성이라 하였다.

師於元和十三年正月七日歸寂。壽七十四。勅諡慧覺禪師見性之塔。

토끼뿔

ᔓ "관세음보살께서는 천 개의 손과 천 개의 눈으로 무엇을 하십니까?" 했을 때

대원은 "그런 물음을 하는 이에게 쓴다." 하리라.

ᔓ 또 "교리에 말하기를 시체를 가지고 탑 밑으로 지나지 말라고 하였는데 어찌하겠소?" 했을 때

대원은 "어디가 탑 밑이오?" 하리라.

이궐(伊闕) 복우산(伏牛山) 자재(自在) 선사

자재 선사[29]는 오흥(吳興) 사람으로 성은 이(李)씨이다. 처음에는 경산의 국일 선사에게 구족계를 받았고, 나중에 남강에서 대적〔馬祖〕을 만나 마음바탕을 깨달아 밝혔다.

마조의 심부름으로 혜충 국사에게 서신을 전하게 되었는데, 국사가 물었다.

"마 대사가 대중에게 어떤 법을 보이던가?"

대사가 대답하였다.

"마음이 곧 부처라 하였습니다."

"그게 무슨 말인가?"

대사가 말없이 보이자, 국사가 또 물었다.

"그 밖에 다시 무슨 말이나 가르침이 있었는가?"

대사가 대답하였다.

伊闕伏牛山自在禪師者。吳興人也。姓李氏。初依徑山國一禪師受具。後於南康見大寂發明心地。因為大寂送書於忠國師。國師問曰。馬大師以何示徒。對曰。即心即佛。國師曰。是甚麼語話。良久又問曰。此外更有什麼言教。師曰。

---

29) 자재 선사(741 ~ 821).

"마음도 아니고 부처도 아니라 하기도 하고, 혹은 마음도 아니고 부처도 아니고 물건도 아니라 하기도 합니다."

"비슷할 뿐이다〔較些子〕.[30]"

"마 대사는 그렇다 하고, 화상께서는 어떠하십니까?"

국사가 말하였다.

"세 점은 흐르는 물과 같고 굽은 것은 벼 베는 낫과 같다."[31]

대사가 후에 복우산에 은거하였는데 하루는 대중에게 말하였다.

"마음이 곧 부처라 하는 것은 병이 없는데 병을 찾는 구절이요, 마음도 아니고 부처도 아니라 하는 것은 약과 병으로 마주 다스리는 구절이다."

非心非佛。或云不是心不是佛不是物。國師曰。猶較些子。師曰。馬大師即恁麼。未審和尚此間如何。國師曰。三點如流水。曲似刈禾鎌。師後隱於伏牛山。一日謂眾曰。即心即佛。是無病求病句。非心非佛。是藥病對治句。

---

30) 교사자(較些子) : 원문의 교사자(較些子)는 선림용어로서, 한 방면에서 사람을 얕잡아보거나 비꼬면서, 역설적으로 긍정하거나 칭찬하는 말이다.

31) '心'자를 의미한다.

어떤 승려가 물었다.
"어떤 것이 깨끗하게 해탈하는 구절입니까?"
대사가 말하였다.
"복우산 아래에서 예나 이제나 전하느니라."

대사가 후에 수주(隨州) 개원사(開元寺)에서 열반에 드니, 수명은 81세였다.

僧問。如何是脫灑底句。師曰。伏牛山下古今傳。師後於隨州開元寺示滅。壽八十一。

“어떤 것이 깨끗하게 해탈하는 구절입니까?” 하니 “복우산 아래에서 예나 이제나 전하느니라.” 했는데

대원이라면 “복우산은 평지에서 솟았고, 평지는 산보다는 낮으니라.” 하리라.

유주(幽州) 반산(盤山) 보적(寶積) 선사

보적 선사[32]에게 어떤 승려가 물었다.
"어떤 것이 도입니까?"
대사가 말하였다.
"드러났다〔出〕."
"학인은 잘 모르겠습니다."
"사라졌다〔去〕."

대사가 법상에 올라 대중에게 말하였다.
"마음에 일이 없다면 만 가지 물상이 나지 않을 것이요, 뜻이 현묘한 기틀이라는 것마저 초월하면 가는 티끌인들 어디에 서랴. 도는 본래 형상이 없건만 설함으로써 이름이 이루어지고, 도는 본래 이름이 없건만 이름함으로써 부르게 된다.

幽州盤山寶積禪師。僧問。如何是道。師曰出。僧曰。學人未領旨在。師曰。去。師上堂示衆曰。心若無事萬象不生。意絕玄機纖塵何立。道本無體因道而立名。道本無名因名而得號。

32) 보적 선사(720 ~ 814).

만약 마음이 곧 부처라 하면 지금 현묘한 진리〔玄微〕[33]에 들지 못한 것이고, 마음도 아니고 부처도 아니라 해도 그것 또한 극칙을 가리키는 자취일 뿐이다.

일체를 초월했다는 것마저 세우지 않는 한 길은 천 성현도 전하지 못하거늘 수행자들이 형상에서 수고하는 것은 마치 원숭이가 그림자를 잡으려는 것과 같다.

무릇 대도(大道)는 중간도 없거늘 무엇이 먼저이며 무엇이 나중이랴. 넓은 허공도 가없어 헤아릴 수 없으니〔稱量〕[34] 허공도 이미 이와 같거늘 도를 다시 어찌 말하겠는가?

무릇 마음 달이 밝고 두렷하여 광명이 만상을 삼켜, 광명이 경계를 비추는 것도 아니어서 경계 또한 있지 않으니, 광명과 경계가 모두 없어지면 다시 이 무슨 물건인고!

선덕(禪德)이여, 마치 칼을 들어 허공에 휘두르는 것 같으니 도달했다거나 도달하지 못했다고 말하지 말라.

若言即心即佛。今時未入玄微。若言非心非佛。猶是指蹤之極則。向上一路千聖不傳。學者勞形如猿捉影。夫大道無中復誰先後。長空絕際何用稱量。空既如斯道復何說。夫心月孤圓光吞萬象。光非照境境亦非存。光境俱亡復是何物。禪德。譬如擲劍揮空。莫論及之不及。

33) 현미(玄微) : 원문의 현미(玄微)는 깊고 미묘한 이치라는 뜻이다.

34) 칭량(稱量) : 원문의 칭량(稱量)은 사정(事情)이나 형편(形偏)을 헤아린다는 뜻이다.

허공〔空輪〕[35]이 자취 없어서 칼날에 상함이 없듯이, 만약 이러-히 마음이라는 마음에 앎이란 것마저 없으면, 온전히 마음 이대로가 부처요, 온전히 부처 이대로가 사람이다. 사람과 부처가 다르지 않아야 비로소 도라 할 수 있다.

선덕이여, 만약〔可中〕[36] 도를 배우려면 땅이 산을 받들고 있으나 산의 높고 험함을 모르는 것과 같이 하고, 돌이 옥을 머금고 있으나 옥에 티가 없음을 모르는 것과 같이 해야 한다. 이와 같이 해야 출가라 할 수 있다.

그러므로 인도하는 스승께서 말씀하시기를 '법은 본래 서로 장애됨이 없으니 삼제(三際)[37]에도 또한 그렇다.'라고 하셨으나, 함이 없고 일이 없는 사람에게는 이도 오히려 금부스러기의 환란 같은 것이다.

斯乃空輪無跡劍刃無虧。若能如是心心無知。全心即佛全佛即人。人佛無異始爲道矣。禪德。可中學道。似地擎山不知山之孤峻。如石含玉不知玉之無瑕。若如此者是名出家。故導師云。法本不相礙。三際亦復然。無爲無事人。猶是金鎖難。

35) 공륜(空輪) : 원문의 공륜(空輪)은 세계의 가장 아래층에 있는 허공을 가리킨다.
36) 가중(可中) : 원문의 가중(可中)은 만약이라는 뜻이다. 如果.
37) 삼제(三際) : 과거, 현재, 미래의 삼세(三世).

이 까닭에 신령스런 근원이 홀로 비치어 도라는 것마저 초월하여 남〔生〕이 없으면, 큰 지혜는 밝은 것도 아니며 진공(眞空)은 자취가 없어, 진여니 범부니 성현이니 하는 것이 모두 잠꼬대 말이니 부처와 열반이라는 것도 말만 더해 놓은 것일 뿐이다.

선덕이여, 반드시 스스로가 봐라. 다른 사람이 대신할 수는 없다. 삼계에 법이랄 것이 없거늘 어디서 마음을 구하며, 사대가 본래 공하거늘 부처인들 어디에 의지하여 머무르랴.

밝은 구슬〔璿璣〕[38]은 요동이 없고 고요히 말이 없으니, 눈앞에 드러나서 다시는 다른 일이 없다. 안녕."

대사가 세상을 뜨려할 때 대중에게 말하였다.

"누가 나의 얼굴을 그릴 수 있겠는가?"

대중들이 다 진영을 그려서 대사에게 바쳤는데, 대사가 모두 때렸다.

所以靈源獨耀道絕無生。大智非明真空無跡。真如凡聖皆是夢言。佛及涅槃並爲增語。禪德。且須自看無人替代。三界無法何處求心。四大本空佛依何住。璿璣不動寂爾無言。覿面相呈更無餘事。珍重。師將順世。告眾曰。有人貌得吾真否。眾皆將寫得真呈師。師皆打之。

38) 선기(璿璣) : 원문의 선기(璿璣)는 북극성을 가리킨다.

이때 제자인 보화(普化)가 나서서 말하였다.

"제가 스님을 그리겠습니다."

"왜 노승에게 바치지 않는가?"

보화가 몸을 뒤집어 굴러가니〔筋斗〕[39] 대사가 말하였다.

"저 친구가 뒷날에 미친 짓을 하며 사람을 교화하리라."

대사가 떠난 뒤에 시호를 응적 대사(凝寂大師)라 하고 탑호는 진제(眞際)라 하였다.

弟子普化出曰。某甲貌得。師曰。何不呈似老僧。普化乃打筋斗而出。師曰。這漢向後如風狂接人去在。師既奄化。敕諡凝寂大師真際之塔。

---

39) 근두(筋斗) : 원문의 근두(筋斗)는 머리를 땅에 대고 몸을 뒤집어 굴러가는 동작을 뜻한다.

토끼뿔

보적 선사에게 어떤 승려가 묻기를 “어떤 것이 도입니까?” 하니 대사가 말하기를 “드러났다〔出〕.” 하고, “학인은 잘 모르겠습니다.” 하니 “사라졌다〔去〕.” 했는데

기왕이면 앞에서와 같이 “드러났다.” 했더라면 그 선승에게 한층 더한 약이 될 수도 있었을 것을….

비릉(毘陵) 부용산(芙蓉山) 태육(太毓) 선사

태육 선사[40]는 금릉 사람으로 성은 범(范)씨이다. 12세에 우두산 제6세인 혜충 선사에 의해 승려가 되었고, 23세에 경조(京兆) 안국사에서 구족계를 받았다가 나중에 마조를 만나 조사의 뜻을 비밀히 전해 받았다.

당의 원화 13년에 비릉 의흥(義興)의 부용산에 살았는데, 어느 날 행식(行食)[41]을 하다가 방 거사(龐居士) 앞에 이르렀을 때 방 거사가 밥을 받자 대사가 말하였다.

毘陵芙蓉山太毓禪師者。金陵人也。姓范氏。年十二禮牛頭山第六世忠禪師落髮。二十三於京兆安國寺受具。後遇大寂密傳祖意。唐元和十三年止毘陵義興芙蓉山。一日因行食與龐居士。居士接食次。師云。

40) 태육 선사(744 ~ 822).

41) 행식(行食) : 밥을 여러 사람에게 나누어 주는 일.

"생각을 내서 공양을 받는 것은 유마 거사가 옛날에 꾸짖은 바인데[42] 이 한 기틀〔一機〕이라는 것마저 떠나서 거사는 달게 받겠는가?"

방 거사가 말하였다.

"그때 수보리가 어찌 작가(作家)[43]가 아니었으리오만."

대사가 말하였다.

"그런 일과는 관계가 없소."

방 거사가 말하였다.

"입까지 온 음식을 남에게 빼앗기고 마는구나."

이에 대사가 밥을 놓았다.

방 거사가 말하였다.

"일구란 것마저 쓸모없는 것이거늘…."

生心受施淨名早訶。去此一機居士還甘否。居士云。當時善現豈不作家。師云。非關他事。居士云。食到口邊被他奪却。師乃下食。居士云。不消一句。

---

42) 수보리는 부유한 사람들이 자기 뜻대로 즐기면서 무상을 생각하지 않아, 내생에 그 과보를 받을 것을 불쌍히 여겨 부유한 사람들에게 많이 걸식을 하였다. 마침 유마 거사의 집에 들어가게 되었는데, 이때 유마 거사가 수보리의 발우를 가져다가 밥을 가득 담아 두고 말하기를 "능히 밥에 평등한 이는 모든 법에도 평등하고, 모든 법에 평등한 이는 밥에 평등하니, 이렇게 걸식해야 가히 밥을 받을 만하다."라고 하며 수보리에게 법문을 하였다.

43) 작가(作家) : 눈 밝은 종사(宗師).

방 거사가 또 대사에게 물었다.

"마조 대사가 사람들을 위했던 진실한 곳을 스님에게 전해주셨습니까?"

대사가 말하였다.

"나는 아직 그것을 본 바도 없는데 진실한 곳인 줄 어떻게 알겠소?"

방 거사가 말하였다.

"이것은 보았느니 알았느니 하는 것조차 찾을 길 없습니다."

대사가 말하였다.

"거사께서도 한결같이 말했다고는 못할 것이오."

방 거사가 말하였다.

"한결같이 말했다고 해도 스님 또한 종지를 잃은 겁니다. 만약 두 번 세 번 짓는다면 스님은 입을 열 수가 있겠습니까?"

대사가 말하였다.

"바로 그 입을 열지 못하는 것이 진실한 것이라 할 거요."

방 거사는 손뼉을 치며 나가버렸다.

居士又問師。馬大師著實為人處。還分付吾師否。師云。某甲尚未見他。作麼知他著實處。居士云。只此見知也無討處。師云。居士也不得一向言說。居士云。一向言說師又失宗。若作兩向三向。師還開得口否。師云。直似開口不得可謂實也。居士撫掌而出。

보력(寶歷) 때에 제운(齊雲)으로 돌아가서 열반에 드니, 수명은 80세요, 법랍은 58세였다. 대화 2년에 시호를 대보 선사(大寶禪師)라 하고 탑호는 능가(楞伽)라 하였다.

寶曆中歸齊雲入滅。壽八十。臘五十八。大和二年追諡大寶禪師楞伽之塔。

토끼뿔

"생각을 내서 공양을 받는 것은 유마 거사가 옛날에 꾸짖은 바인데, 이 한 기틀〔一機〕이라는 것마저 떠나서 거사는 달게 받겠는가?" 했을 때

대원이라면 "그런 말도 있습니까?" 하며
바릿대를 올려 밥을 받으려는 형세를 했을 것이다.

포주(蒲州) 마곡산(麻谷山) 보철(寶徹) 선사

보철 선사가 어느 날 마조를 따라가다가 물었다.
"어떤 것이 큰 열반입니까?"
마조가 말하였다.
"급하구나."
대사가 말하였다.
"급한 것이 무엇입니까?"
"물을 보아라."

대사가 단하(丹霞)와 함께 산길을 가다가 물속의 고기를 보고 손으로 가리키니, 단하가 말하였다.
"천연(天然), 천연(天然)."[44]
이튿날 대사가 다시 단하에게 물었다.

蒲州麻谷山寶徹禪師。一日隨馬祖行次問。如何是大涅槃。祖云。急。師云。急箇什麼。祖云。看水。師與丹霞遊山次。見水中魚以手指之。丹霞云。天然天然。師至來日又問丹霞。

44) 천연(天然)은 단하의 법명이다.

"어제는 무슨 뜻이었소?"
단하가 뒤로 벌렁 눕는 시늉을 하니, 대사가 말하였다.
"아이고!"

또 단하와 같이 마곡산에 갔다가 대사가 말하였다.
"나는 여기서 살아야겠소."
단하가 말하였다.
"사신다면 말리지는 않겠지만 어느 곳인들 없겠소?"
대사가 말하였다.
"잘 있게."

어떤 승려가 물었다.
"십이분교는 제가 의심치 않으나 어떤 것이 조사께서 서쪽에서 오신 뜻입니까?"
대사가 일어서서 주장자로 몸을 한 번 돌리고 한 발을 들고서 말하였다.

昨日意作麼生。丹霞乃放身作臥勢。師云。蒼天。又與丹霞行至麻谷山。師云。某甲向這裏住也。丹霞云。住即且從還。有那箇也無。師云。珍重。有僧問云。十二分教某甲不疑。如何是祖師西來意。師乃起立以杖繞身一轉翹一足云。

"알겠는가?"

그 승려가 대답이 없으니 대사가 때렸다.

어떤 승려가 물었다.

"어떤 것이 불법의 대의입니까?"

대사가 말없이 보였다.

그 승려가 다시 석상(石霜)에게 가서 물었다.

"이 이치가 어떠합니까?"

석상이 말하였다.

"주인이 간절하게 정성을 다해 힘써 도운 것이 그대를 진창에 끌어들이고〔帶累〕[45] 물에 빠트렸구나〔拖泥涉水〕[46]."

탐원이 물었다.

"십이면관세음이 범부입니까, 성인입니까?"

會麼。僧無對。師打之。僧問。如何是佛法大意。師默然。其僧又問石霜此意如何。石霜云。主人勤拳帶累闍梨拖泥涉水。耽源問。十二面觀音是凡是聖。

45) 대루(帶累) : 원문의 대루(帶累)는 자기가 불행을 당했을 때 연이어 다른 사람에게 손해가 미친다는 뜻이다.

46) 타니섭수(拖泥涉水) : 원문의 타니섭수(拖泥涉水)는 말을 하거나 일을 함에 있어서 딱 부러지거나 상쾌하지 않음을 비유한다.

대사가 말하였다.

"성인이다."

탐원이 대사를 한 주먹 때리니, 대사가 말하였다.

"그대가 이 경지에 이르지 못했음을 알겠다."

師云。是聖。耽源乃打師一摑。師云。知汝不到這箇境界。

 토끼뿔

"십이면관세음이 범부입니까, 성인입니까?" 했을 때

"성인이다." 하는 것도 좋지만, 기왕이면 "그대가 문으로 들어올 때 문이 열리는 소리를 어떻게 들었기에 그런 말이나 하는 건가?" 했으면 더 좋았을 것을….

항주(杭州) 염관(鹽官) 진국(鎭國) 해창원(海昌院) 제안(齊安) 선사

제안 선사[47]는 해문군(海門郡) 사람으로 성은 이(李)씨이다. 날 때에 신령스러운 광채가 방에 비추었으며, 또 이상한 승려가 와서 말하기를 "이길 자가 없는 깃대를 세우고, 부처의 광명을 돌이켜 비추게 할 이가 그대 아니고 누구랴."라고 하였다.

마침내 그 고을의 운종(雲琮) 선사에 의해 머리를 깎고 구족계까지 받았는데, 나중에 마조가 공공산에서 교화를 편다는 말을 듣고 석장을 떨치고 찾아갔다.

대사는 기이한 상호가 있었으므로 마조가 한 번 보자마자 뛰어난 그릇으로 여기어 입실을 허락하고 바른 법을 비밀히 보여 주었다.

杭州鹽官鎮國海昌院齊安禪師者。海門郡人也。姓李氏。生時神光照室。復有異僧謂之曰。建無勝幢使佛日迴照者。豈非汝乎。遂依本郡雲琮禪師落髮受具。後聞大寂行化於龔公山。乃振錫而造焉。師有奇相。大寂一見深器異之。乃命入室密示正法。

47) 제안 선사(? ~ 842).

어떤 승려가 물었다.

"어떤 것이 근본 몸의 노사나불입니까?"

대사가 말하였다.

"그 구리병을 내게 갖다 주게."

그 승려가 구리병을 가지고 오니, 대사가 말하였다.

"본래의 자리에 갖다 두게."

그 승려가 본래의 자리에 갖다 두고 와서 다시 앞의 말을 물으니, 대사가 말하였다.

"옛 부처님이 지나가신 지 오래다."

어떤 강의하는 승려가 와서 뵈니 대사가 물었다.

"좌주는 어떤 업을 쌓았는가?"

"『화엄경』을 강의하였습니다."

"몇 가지 법계가 있다고 하였는가?"

"자세히 말하면 겹겹이 다함이 없고 간략히 말하면 네 가지 법계가 있습니다."

僧問。如何是本身盧舍那佛。師云。與我將那箇銅缾來。僧即取淨缾來。師云。却送本處安置。其僧送缾本處了。却來再徵前語。師云。古佛也過去久矣。有講僧來參。師問云。座主蘊何事業。對云。講華嚴經。師云。有幾種法界。對云。廣說則重重無盡。略說有四種法界。

대사가 불자를 세우면서 말하였다.

"이것은 몇 번째 법계인가?"

좌주가 중얼거리면서 대답할 것을 생각하니, 대사가 말하였다.

"생각해서 알거나 따져서 아는 것은 귀신의 살림살이요. 햇볕 앞의 등불이니 빛을 잃었다."[48)]

어떤 승려가 대매(大梅)에게 물었다.

"어떤 것이 조사께서 서쪽에서 오신 뜻입니까?"

대매가 말하였다.

"서쪽에서 오신 것은 뜻이라 할 것도 없다."

대사가 이 말을 듣고 말하였다.

"관(棺)은 하나인데 시체가 둘이구나."[49)]

師豎起拂子云。這箇是第幾種法界。座主沈吟徐思其對。師云。思而知慮而解。是鬼家活計日下孤燈。果然失照(保福聞云。若禮拜即喫和尚棒。禾山代云。某甲不煩和尚莫怪。法眼代撫掌三下)。僧問大梅。如何是西來意。大梅云。西來無意。師聞乃云。一箇棺材兩箇死屍(玄沙云。鹽官是作家)。

48) 보복(保福)이 듣고 말하기를 "절을 했더라면 화상의 몽둥이를 맞았으리라." 하였다.
화산(禾山)이 대신 말하기를 "저는 화상을 번거롭게 하려는 것이 아니니 괴이하게 여기지 마십시오." 하였다.
법안(法眼)이 대신 손뼉을 세 차례 쳤다. (원주)

49) 현사(玄沙)가 말하기를 "염관이야말로 작가(作家)로구나." 하였다. (원주)

대사가 시자를 불러 말하였다.

"물소 부채를 가져오너라."

시자가 대답하였다.

"부서졌습니다."

대사가 말하였다.

"부채가 부셔졌거든 물소나 내게로 다오."

시자가 대답이 없었다.[50)]

대사가 어느 날 대중에게 말하였다.

"허공으로 북을 삼고 수미산으로 망치를 삼는다. 누가 치겠는가?"

師喚侍者云。將犀牛扇子來。侍者云。破也。師云。扇子破還我犀牛來。侍者無對(投子代云。不辭將出恐頭角不全。資福代作圓相心中書牛字。石霜代云。若還和尚即無也。保福云。和尚年尊別請人好)。師一日謂眾曰。虛空為鼓須彌為椎。什麼人打得。

50) 투자(投子)가 대신 말하기를 "가져오기는 어렵지 않으나 머리와 뿔이 온전치 않을까 걱정입니다." 하였다.
자복(資福)이 대신 원상을 그리고 그 안에다 '牛'자를 썼다.
석상(石霜)이 대신 말하기를 "만약 화상께서 돌려달라시면 곧 없습니다." 하였다.
보복(保福)이 말하기를 "화상께서는 연세가 높으시니 따로 사람을 청하는 것이 좋겠습니다." 하였다. (원주)

아무도 대답이 없었다.[51)]

법공(法空)이라는 선사가 와서 경의 뜻을 이것저것 물으니, 대사가 낱낱이 대답하고 나서 말하였다.

"선사가 온 뒤로 나는 전혀 주인 노릇을 못했다."

법공이 말하였다.

"화상께서 다시 주인이 되십시오."

대사가 말하였다.

"오늘은 밤이 늦었으니 갔다가 내일 아침에 다시 오라."

법공이 물러갔다.

이튿날 아침에 대사가 사미를 시켜 법공 선사를 불러오라 해서 법공이 오니, 대사가 사미를 돌아보면서 말하였다.

衆無對(有人擧似南泉。南泉云。王老師不打遮破鼓。法眼別云。王老師不打)。有法空禪師到請問經中諸義。師一一答了却云。自禪師到來貧道總未得作主人。法空云。請和尙更作主人。師云。今日夜也。且歸本位安置明日却來。法空下去。至明旦師令沙彌屈法空禪師。法空至。師顧沙彌曰。

---

51) 어떤 사람이 남전(南泉)에게 말하니 남전이 말하기를 "왕노사(王老師)는 그런 찢어진 북을 치지 않는다." 하였다.
법안(法眼)이 달리 말하기를 "왕노사도 칠 수 없다." 하였다. (원주)

"쯧쯧, 이 사미가 일을 잘 몰라서 법공 선사를 모셔오라고 했는데 도리어 집 지키는 사람만을 데리고 왔구나."

법공이 말이 없었다.

원주(阮主)[52]인 법흔(法昕)이 와서 뵈니, 대사가 물었다.

"네가 누구냐?"

"법흔입니다."

"나는 너를 모른다."

원주가 말이 없었다.

그 뒤에 대사는 병 없이 편안히 앉아서 열반에 드니, 오공 선사(悟空禪師)라 시호를 내렸다.

咄這沙彌不了事。教屈法空禪師。却屈得箇守堂家人來。法空無語。法昕院主來參。師問。汝是誰。對云法昕。師云。我不識汝。昕無語。師後不疾宴坐示滅。勅諡悟空禪師。

52) 원주(阮主) : 절의 살림살이를 맡은 이.

토끼뿔

“허공으로 북을 삼고 수미산으로 망치를 삼는다. 누가 치겠는가?” 했을 때

대원은 “잘 치시는 분은 감상도 잘 하는 걸로 압니다. 어떻습니까? 소평을 부탁드립니다.” 하리라.

무주(婺州) 오설산(五洩山) 영묵(靈默) 선사

영묵 선사[53]는 비릉(毘陵) 사람으로 성은 선(宣)씨이다. 처음에 예장(豫章)의 마조 대사를 뵈니, 마조 대사가 받아들여 머리를 깎아주고 구족계를 주었다.

나중에 석두 희천 화상을 처음 뵈었을 때, 행장을 허리에 차고 방장실에 올라가 석두 화상이 앉아 있는 것을 보고 물었다.

"한 마디에 서로 계합하면 곧 머무르고 그렇지 못하면 바로 떠나겠습니다."

석두 화상이 가만히 앉아 있자, 대사가 곧 나가버리니 석두 화상이 뒤를 따라 문 밖에 이르러 불렀다.

"사리여! 사리여!"

대사가 고개를 돌려 돌아보니 석두가 말하였다.

"날 때부터 늙을 때까지 단지 그 놈뿐이다. 또 고개를 돌리고 머리를 굴려서 무엇 하려는가?"

婺州五洩山靈默禪師者。毘陵人也。姓宣氏。初謁豫章馬大師。馬接之因披剃受具。後初參石頭時裝腰便上方丈。見石頭坐次。便問一言相契卽住。不然便發。石頭據坐。師便發去。石頭隨後逐至門外。召云。闍梨闍梨。師迴首。石頭云。從生至老秖是這箇。又迴頭轉腦作什麽。

53) 영묵 선사(747 ~ 818).

대사가 이 말끝에 크게 깨닫고, 주장자를 밟아 꺾어버리고 그대로 머물러 20년간 시봉하였다.[54)]

당의 정원(貞元) 초에 천태산(天台山)에 들어가서 백사도량(白沙道場)에 살다가 다시 오설산으로 왔다.

어떤 승려가 물었다.

"어떤 물건이 천지보다 큽니까?"

대사가 말하였다.

師於言下忽然有性。便踏折拄杖。一住二十年爲侍者(洞山云。當時若不是五洩先師。大難承當。然雖如此。猶涉在途。長慶云險。玄覺云。那箇是涉在途處。有僧云。為伊三寸途中薦得所以在途。玄覺云。為復薦得自己。為復薦得三寸。若是自己為什麼成三寸。若是三寸為什麼悟去。且道。洞山意旨作麼生。莫亂說子細好)。唐貞元初入天台山住白沙道場。復居五洩。僧問。何物大於天地。師云。

54) 동산(洞山)이 말하기를 "그때에 오설 선사(五洩先師)가 아니었더라면 감당하기 어려웠을 것이다. 그렇기는 하지만 여전히 도중에 있다." 하였다.
장경(長慶)이 말하기를 "험하구나." 하였다.
현각(玄覺)이 말하기를 "어떤 것이 도중에 있는 것일까?" 하였다.
어떤 승려가 말하기를 "그가 세 치(三寸) 혀를 통해 알았으므로 길에 있다 하겠습니다." 하였다. 현각이 말하기를 "자신이 알았는가? 세 치에서 알았는가? 만일 자기에게서 알았다면 어찌하여 세 치를 이루었다 했으며 만일 세 치에서라면 어찌 깨달았다 하겠는가? 말해 봐라. 동산의 뜻이 어디에 있겠는가? 어지러이 말하지 말고 자세히 하는 것이 좋다." 하였다. (원주)

"사람의 앎으로는 얻을 수 없느니라."
"쪼아 새길 수도 없겠군요?"
"그대가 시험삼아 한 번 해봐라."

어떤 승려가 물었다.
"이 문중의 처음과 마지막 일이 어떠합니까?"
대사가 말하였다.
"그대가 말해 봐라. 눈앞의 것인데 어찌 조금이라도 이루어 얻는다 하겠는가?"
"학인은 모르겠습니다."
"나의 이곳에는 그대가 물을 것도 없다."
"어찌 화상께서 사람을 제접하시는 바가 없다 하십니까?"
"그대가 제접해 주기를 요구하면 나는 곧 제접해 준다."
"화상께서 제접해 주시기 바랍니다."
"그대가 부족하게 여기는 바가 무엇인가?"
"어찌하여야 무심(無心)이 되겠습니까?"

無人識得伊。僧云。還可雕琢也無。師云。汝試下手看。僧問。此箇門中始終事如何。師云。汝道目前底成來得多少時也。僧云。學人不會。師云。我此間無汝問底。僧云。和尚豈無接人處。師云。待汝求接我即接。僧云。便請和尚接。師云。汝欠少箇什麼。問如何得無心。

대사가 말하였다.

"산이 무너지고 바다가 뒤집혀도 태연히 고요하고, 땅이 흔들려도 편안히 자거니 어찌 그것을 분별하랴."

대사는 원화(元和) 13년 3월 23일에 목욕하고 향을 피우고 단정히 앉아서 대중에게 말하였다.

"법신은 두렷하고 고요하다. 가고 옴이 있는 것처럼 보이지만 천성현의 근원이 동일하고 만 가지 신령함이 하나로 돌아간다. 내가 이제 거품으로 흩어진다 해서 어찌 슬픈 생각을 내겠는가? 까닭 없이 걱정말고 모름지기 생각을 바르게 하라. 만일 나의 이 가르침을 따르면 참으로 나의 은혜를 갚는 일이요, 만일 나의 말을 어기면 나의 제자가 아니다."

그때에 어떤 승려가 물었다.

"화상께서는 어디로 가시겠습니까?"

대사가 말하였다.

"갈 곳이 없다."

"저는 어째서 볼 수 없습니까?"

師云。傾山覆海晏然靜。地動安眠豈採伊。師元和十三年三月二十三日沐浴焚香端坐告眾云。法身圓寂示有去來。千聖同源萬靈歸一。吾今漚散胡假興哀。無自勞神須存正念。若遵此命真報吾恩。儻固違言非吾之子。時有僧問。和尚向什麼處去。師曰。無處去。曰某甲何不見。

"눈으로 볼 바가 아니니라."[55)]

말을 마치자 조용히 세상을 떠나니, 수명은 72세요, 법랍은 41세였다.

師曰。非眼所覩(洞山云作家)。言畢奄然順化。壽七十有二。臘四十一。

55) 동산(洞山)이 말하기를 "작가로구나." 하였다. (원주)

토끼뿔

주장자를 밟아 꺾어버리고 머물러 20년간 시봉함도 좋으나,

대원이라면 주장자를 높이 들고 외치기를

“이제부터는 이 주장자를 부질없는 걸음 걷는 데 쓰지 않고, 부질없는 걸음 걷는 자들의 구함을 부숴버리는 통봉으로 쓰리라.” 하리라.

험.

명주(明州) 대매산(大梅山) 법상(法常) 선사

법상 선사[56]는 양양(襄陽) 사람으로 성은 정(鄭)씨이다. 어릴 때에 형주(荊州) 옥천사(玉泉寺)에서 스승을 모셨는데 처음으로 대적〔馬祖〕을 뵙고 물었다.

"어떤 것이 부처입니까?"

대적이 말하였다.

"마음이 곧 부처이니라."

대사가 곧 크게 깨달았다.

당의 정원 때에 대매산(大梅山) 은현(鄞縣)의 남쪽 70리에 있는 옛날에 매자진이 은거하던 자리에 살았다.

明州大梅山法常禪師者。襄陽人也。姓鄭氏。幼歲從師於荊州玉泉寺。初參大寂。問如何是佛。大寂云。即心是佛。師即大悟。唐貞元中居於大梅山鄞縣[57]南七十里。梅子真舊隱。

---

56) 법상 선사(752 ~ 839).

57) 大梅山鄞縣이 송, 원나라본에는 天台山餘姚로 되어 있다.

이때에 염관(鹽官) 선사 회상에 있던 한 승려가 산에 들어가 주장자감을 베다가 길을 잃고 암자에까지 와서 물었다.

"화상께서는 이 산에서 얼마 동안 계셨습니까?"

대사가 말하였다.

"사방의 산이 푸르렀다 누르렀다 하는 것을 보았을 뿐이다."

또 물었다.

"산을 벗어나는 길이 어느 쪽에 있습니까?"

"흐름을 따라서 가라."

그 승려가 돌아와서 염관에게 말하니, 염관이 말하였다.

"내가 강서(江西)에 있을 때에 어떤 승려 하나를 만났다가 그 뒤로는 소식을 몰랐는데 그 승려가 아닐까?"

그리하여 승려를 보내서 대사를 나오라 청하니, 대사가 게송으로 말하였다.

時鹽官會下一僧入山採拄杖。迷路至庵所。問曰。和尚在此山來多少時也。師曰。只見四山青又黃。又問。出山路向什麼處去。師曰。隨流去。僧歸說似鹽官。鹽官曰。我在江西時曾見一僧。自後不知消息。莫是此僧否。遂令僧去請出師。師有偈曰。

부러진 고목이 찬 숲을 의지하니
몇 차례 봄이 와도 마음이 변하지 않네
나뭇꾼이 보고도 본체만체 하거늘
초나라 사람〔郢人〕[58]은 무엇 하러 애써서 찾는가

대적이 대사가 이 산에 산다는 말을 듣고 승려 한 명을 보내서 이렇게 묻게 하였다.

"화상께서 마조 대사를 뵙고 얻은 것이 무엇이기에 이 산에 사십니까?"

대사가 말하였다.

"마조 대사께서 나에게 마음이 곧 부처라 하시기에 나는 여기에 와서 산다."

승려가 말하였다.

摧殘枯木倚寒林
幾度逢春不變心
樵客遇之猶不顧
郢人那得苦追尋

大寂聞師住山。乃令一僧到問云。和尚見馬師得箇什麽便住此山。師云。馬師向我道即心是佛。我便向這裏住。僧云。

58) 영인(郢人) : 원문의 영인(郢人)은 영(郢) 땅에 사는 사람을 일컫는다. 영(郢)은 옛 초나라의 도읍이다.

"마조 대사의 요새 불법은 또 다릅니다."

"어떻게 다른가?"

"요새는 다시 마음도 아니고 부처도 아니라 하십니다."

대사가 말하였다.

"그 늙은이가 사람 속이기를 그칠 날이 없구나. 자기 멋대로 마음도 부처도 아니라 하나, 나는 나대로 마음이 곧 부처라 하리라."

그 승려가 돌아가 마조에게 말하니, 마조가 듣고 말하였다.

"대중이여, 매실이 익었구나."[59)]

이로부터 배우는 이들이 차츰 늘어서 대사의 도가 더욱 드러났다.

어느 날 대사가 법상에 올라 대중에게 말하였다.

"그대들 모두가 제각기 마음을 돌이켜서 근본을 통달하려 할지언정 궁극이라는 것마저 쫓지 말라.

馬師近日佛法又別。師云。作麼生別。僧云。近日又道非心非佛。師云。這老漢惑亂人未有了日。任汝非心非佛。我只管即心即佛。其僧迴舉似馬祖。祖云。大衆。梅子熟也(僧問禾山。大梅恁麼道。意作麼生。禾山云。真獅子兒)。自此學者漸臻。師道彌著。師上堂示衆曰。汝等諸人。各自迴心達本莫逐其末。

59) 어떤 승려가 화산(禾山)에게 묻기를 "대매(大梅)가 그렇게 말한 뜻이 무엇입니까?" 하니, 화산이 대답하기를 "참으로 사자 새끼였지." 하였다. (원주)

다만 그 근본에 분명하기만 하면 구경에 저절로 이른다. 만일 근본을 알고자 하면 오직 스스로의 마음을 아는 일뿐이다. 이 마음은 원래 일체 세간과 출세간법의 근본이므로, 마음이 나면 온갖 법이 나고 마음이 멸하면 온갖 법이 멸한다. 마음에는 또한 일체 선악이 있을 수 없으니 만법을 내되 본래 여여하다."

방 거사가 대사에게 물었다.

"큰 매화로 오래도록 대접한다고 하는데 매화가 익은 것입니까, 익지 않은 것입니까?"

대사가 말하였다.

"그대는 어느 곳을 향해서 입을 대려 하오?"

"만약 이렇다면 산산조각이 나버렸군."

"내게 씨나 돌려주게."

但得其本其末自至。若欲識本唯了自心。此心元是一切世間出世間法根本故。心生種種法生。心滅種種法滅。心且不附一切善惡。而生萬法本自如如。龐居士問師。久嚮大梅。未審梅子熟也未。師云。汝向什麽處下口。士云。則百雜碎也。師云。還我核子[60]。

60) 龐居士問師부터 還我核子까지 송, 원나라본에는 없다.

어떤 승려가 물었다.
"어떤 것이 불법의 대의입니까?"
대사가 말하였다.
"창포꽃, 버들솜, 대바늘, 삼실이니라."

협산(夾山)과 정산(定山)이 같이 가면서 말을 하다가 정산이 말하였다.
"생사라고 하지만 부처도 없어서 생사도 없다."
협산이 말하였다.
"생사라고 하지만 부처가 있으면 생사에 미혹하지 않는다."
두 사람이 산에 올라와서 예를 올리고 협산이 대사에게 이야기하고 다음과 같이 물었다.
"두 사람의 견처 가운데 어느 것이 비교적 친한지 모르겠습니다."
대사가 말하였다.
"하나는 친하고 하나는 성기다."

僧問。如何是佛法大意。師云。蒲華柳絮竹鍼麻線。夾山與定山同行言話次。定山云。生死中無佛即非生死。夾山云。生死中有佛即不迷生死。二人上山參禮。夾山便舉問師。未審二人見處那箇較親。師云。一親一疎。

협산이 다시 물었다.

"어느 쪽이 친합니까?"

대사가 말하였다.

"갔다가 내일 오너라."

협산이 이튿날 다시 와서 대사에게 물으니, 대사가 말하였다.

"친한 이는 묻지 않고, 묻는 이는 친하지 않다."[61]

어느 날 홀연히 대중에게 말하였다.

"오는 이를 막지 말고 가는 이를 쫓지 말라."

잠시 멈춘 사이에 날다람쥐 소리가 들리니, 대사가 말하였다.

"곧 이 물건이지 딴 물건이 아니다. 그대들 모두가 잘 보호해 지녀라. 나는 지금 떠난다."

말을 마치고 입멸하니, 수명은 88세요, 법랍은 69세였다.

夾山云。那箇親。師云。且去明日來。夾山明日再上問師。師云。親者不問。問者不親(夾山住後自云。當時失一隻眼)。忽一日謂其徒曰。來莫可拒往莫可追。從容間復聞鼯鼠聲。師云。即此物非他物。汝等諸人善護持之。吾今逝矣。言訖示滅。壽八十八。臘六十有九。

61) 협산(夾山)이 그 뒤에 혼잣말로 "그때에 외눈을 잃었구나." 하였다. (원주)

연수 지각(延壽智覺) 선사가 찬탄하며 말하였다.

대사께서 처음에 도를 깨치실 땐
마음 그대로가 부처라 하시더니
마지막에 대중에게 보이실 때에는
그 물건이 딴 물건 아니라 하셨네

만법의 근원을 다 아시고
천 성인의 골수를 꿰뚫으셨네
참 덕화는 변천이 없으니
들고 남이 무슨 방해가 되겠는가

智覺禪師延壽讚曰。
師初得道
即心是佛
最後示徒
物非他物
窮萬法源
徹千聖骨
真化不移
何妨出沒

토끼뿔

"요새는 다시 마음도 아니고 부처도 아니라 하십니다." 했을 때

대원은 "마음도, 부처도, 물건도 아니라 해도 주장자 한 방망이 먹인다." 하리라.

경조(京兆) 흥선사(興善寺) 유관(惟寬) 선사

유관 선사[62]는 구주(衢州)의 신안(信安) 사람으로, 성은 축(祝)씨이다. 13세에 살생하는 것을 보고 애처로워서 차마 고기를 먹지 못하더니 출가하기를 원하였다.

처음에는 계율을 익히고 지관(止觀)[63]을 닦았는데 나중에 대적〔馬祖〕을 만나 심요를 깨달았다.

당의 정원(貞元) 6년에 처음으로 오월(吳越) 지방에서 교화를 시작하여 8년에 반양으로 가니, 산신이 8계(戒)를 받기를 요구해 왔었고, 13년에는 숭산(嵩山)의 소림사(少林寺)로 가서 살았다.

京兆興善寺惟寬禪師者。衢州信安人也。姓祝氏。年十三見殺生者。蠹然不忍食。乃求出家。初習毘尼修止觀。後參大寂乃得心要。唐貞元六年始行化於吳越間。八年至鄱陽。山神求受八戒。十三年止嵩山少林寺。

62) 유관 선사(755 ~ 817).

63) 지관(止觀) : 지(止)와 관(觀)을 통틀어 말함. 지(止)는 정지(停止)한다는 뜻으로, 망념을 쉬어 적정(寂靜)의 경지에 정주(定住)하는 것이고, 관(觀)은 관달(觀達)의 뜻으로, 관찰하는 지혜가 통달하여 진여(眞如)에 계합하는 것이다. 지는 정(定)에 관은 혜(慧)에 해당한다.

어떤 승려가 물었다.

“어떤 것이 도입니까?”

대사가 말하였다.

“매우 좋은 산이다.”

“학인은 도를 물었는데 스님께서는 어찌하여 좋은 산이라 하십니까?”

“그대는 좋은 산만을 아니, 어찌 일찍이 도를 통달할 수 있겠는가?”

“개도 불성이 있습니까?”

“있다.”

“화상께도 있습니까?”

“나에게는 없다.”

“일체 중생이 모두가 불성이 있다 했거늘 화상만은 어찌하여 홀로 없다 하십니까?”

“나는 일체 중생이 아니기 때문이다.”

승려가 말하였다.

僧問。如何是道。師云。大好山。僧云。學人問道。師何言好山。師云。汝只識好山何曾達道。問狗子還有佛性否。師云。有。僧云。和尚還有否。師云。我無。僧云。一切衆生皆有佛性。和尚因何獨無。師云。我非一切衆生。僧云。

"중생이 아니라면 부처입니까?"

"부처도 아니다."

"구경에는 어떤 물건입니까?"

"또한 물건도 아니다."

"보거나 생각할 수 있습니까?"

"생각으로도 미치지 못하고 논의로도 얻을 수 없다. 그러므로 부사의(不思議)라 한다."

원화(元和) 4년에 헌종이 조서를 내려 대궐에 들어갔는데, 백거이(白居易)가 대사에게 와서 물었다.

"선사라 하면서 어찌하여 설법을 하십니까?"

대사가 말하였다.

"위없는 보리를 몸에 받아 지니면 계율이요, 입으로 말하면 법이요, 마음으로 행하면 선(禪)이니, 작용함에는 셋이나 그 이치는 하나이다.

既非衆生是佛否。師云。不是佛。僧云。究竟是何物。師云。亦不是物。僧云。可見可思否。師云。思之不及議之不得。故云不可思議。元和四年憲宗詔至闕下。白居易嘗詣師問曰。既曰禪師何以說法。師曰。無上菩提者。被於身爲律。說於口爲法。行於心爲禪。應用者三其致一也。

비유하면 강(江)과 회(淮)와 한(漢)이 곳에 따라 이름을 세워 이름은 비록 하나가 아니지만 물의 성품은 둘이 없는 것과 같으니, 계율이 곧 법이요, 법이 선을 여의지 않았거늘 어찌하여 이 가운데에서 망령되게 분별을 일으키는가?"

백거이가 또 물었다.

"분별이 없다면 어떻게 마음을 닦습니까?"

대사가 말하였다.

"마음은 본래 손상된 바가 없거늘 어찌 닦아 고칠 필요가 있겠는가? 더러움과 깨끗함을 막론하고 일체의 생각을 일으키지 말라."

"더러움이야 생각지 않아야 하겠지만 깨끗함이야 어찌 생각지 않겠습니까?"

"사람의 눈동자에는 한 물건도 머무를 수 없으니, 금부스러기가 아무리 귀하나 눈에 들어가면 병이 되는 것과 같다."

"닦을 것도 없고 생각할 것도 없다면 또한 범부와 무엇이 다르겠습니까?"

譬如江河淮漢在處立名。名雖不一水性無二。律即是法。法不離禪。云何於中妄起分別。又問。既無分別何以修心。師云。心本無損傷。云何要修理。無論垢與淨。一切勿起念。又問。垢即不可念。淨無念可乎。師曰。如人眼睛上。一物不可住。金屑雖珍寶。在眼亦爲病。又問。無修無念又何異凡夫耶。

대사가 말하였다.

“범부는 무명이요, 이승은 집착이니 이 두 가지 병을 떠나야 참 수행이라 말할 수 있다. 참 수행이란 애쓸 것도 없고 잊을 것도 없으니, 애쓰면 집착이 되고 잊으면 무명에 떨어진다. 이것이 마음의 요긴함이다.”

어떤 승려가 물었다.

“도가 어디에 있습니까?”

대사가 말하였다.

“다만 눈앞에 있을 뿐이다.”

“저는 어찌하여 보지 못합니까?”

“그대는 ‘나’라는 것이 있으므로 보지 못한다.”

“제가 ‘나’라는 것이 있어서 보지 못한다면 화상께서는 보십니까?”

“너니 나니가 있으면 더욱 더 보지 못한다.”

師曰。凡夫無明二乘執著。離此二病是曰真修。真修者不得勤不得忘勤即近執著。忘即落無明。此爲心要云爾。有僧問。道在何處。師曰。只在目前。曰我何不見。師曰。汝有我故所以不見。曰我有我故即不見。和尚見否。師曰。有汝有我展轉不見。

승려가 말하였다.
"나도 없고 너도 없으면 볼 수 있겠습니까?"
대사가 말하였다.
"너도 없고 나도 없는데 누가 보려 하는가?"

원화(元和) 12년 2월 그믐날에 법상에 올라 설법을 마치고 열반에 드니, 수명은 63세요, 법랍은 39세였다. 파릉(灞陵)의 서쪽 언덕에 장사지내니, 시호를 대철 선사(大徹禪師)라 하고 탑호는 원화정진(元和正眞)이라 하였다.

曰無我無汝還見否。師曰。無汝無我阿誰求見。元和十二年二月晦日升堂說法訖就化。壽六十三。臘三十九。歸葬於灞陵西原。敕諡大徹禪師元和正真之塔。

 토끼뿔

"선사라 하면서 어찌하여 설법을 하십니까?" 에 대해

대원은 "그르침 없는 것을 율이라 하고, 그르침 없도록 하는 것을 경이라 하며, 비치고 씀을 한 때 함을 분별없이 일상에서 행함을 선이라 한다. 이렇게 말한 것을 설법이라 하는 것이다." 하리라.

험.

호남(湖南) 동사(東寺) 여회(如會) 선사

여회 선사[64]는 시흥 곡강(曲江) 사람으로 처음에는 경산(徑山)을 뵈었는데, 나중에 대적〔馬祖〕에게 물어 배웠다. 배우는 무리들이 많아져서 승당 안의 평상이 부러지니 당시의 사람들이 절상회(折床會)라 불렀다.

대적이 세상을 떠난 뒤에 항상 문도들이 마음이 곧 부처라는 말만을 끊임없이 외우면서, 부처님이 어디에 머무는가 하는 말에는 곧 마음이라 대답하고, 마음은 화가와 같으니 곧 부처라고 말만 하는 것을 걱정하여 무리들에게 말하였다.

"마음은 부처가 아니요, 지혜는 도가 아니다. 칼을 잊은 지 오랜데 이제야 뱃전에다 표시를 할 것인가?"[65]

湖南東寺如會禪師者。始興曲江人也。初謁徑山後參大寂。學徒既眾。僧堂內床榻為之陷折。時稱折床會也。自大寂去世。師常患門徒以即心即佛之譚誦憶不已。且謂佛於何住而曰即心。心如畫師而云即佛。遂示眾曰。心不是佛智不是道。劍去久矣爾方刻舟。

---

64) 여회 선사(744 ~ 823).

65) 초(楚)나라의 어떤 사람이 배에서 칼을 물속에 떨어뜨렸는데, 칼을 빠뜨린 뱃전에다 위치를 표시해 놓고, 배가 나룻터에 닿자 자신이 뱃전에 표시해 놓은 물속으로 들어가 칼을 찾으려 했다고 한다.

그때에 동사(東寺)를 선굴(禪窟)이라 불렀는데, 상국인 최공(崔公)이 호남 관찰사로 나왔다가 대사를 보고 물었다.

"스님은 무엇으로써 얻으셨습니까?"

대사가 말하였다.

"성품을 봄으로써 얻었소."

대사가 마침 눈병을 앓고 있었는데 정승이 이를 보고 비꼬는 말을 하였다.

"성품을 보았다면서 그 눈은 어째서 그렇습니까?"

"성품을 보는 것은 눈이 아니니, 눈병이 무슨 방해가 되랴."

최공이 머리를 조아리고 사례하였다.[66)]

대사가 남전에게 물었다.

"어디서 왔는가?"

"강서(江西)에서 왔습니다."

대사가 말하였다.

"마조의 진영을 가지고 왔는가?"

時號東寺為禪窟焉。相國崔公群出為湖南觀察使。見師問曰。師以何得。師曰。見性得。師方病眼。公譏曰。既云見性。其奈眼何。師曰。見性非眼眼病何害。公稽首謝之(法眼別云。是相公眼)。師問南泉。近離什麼處來。云江西。師云。將得馬師真來否。

---

66) 법안(法眼)이 따로 말하기를 "이는 상공의 눈이구나." 하였다. (원주)

남전이 말하였다.
"다만 이것일 뿐입니다."
"뒷쪽의 것이구나."
남전이 대답이 없었다.[67)]

최상공이 절에 왔다가 밖에 모신 불상 위에 참새들이 똥을 싸는 것을 보고 대사에게 물었다.
"참새도 불성이 있습니까?"
대사가 말하였다.
"있소."
"그렇다면 어찌하여 불상 위에다 똥을 쌉니까?"
"그 새들은 왜 매의 머리 위에다 똥을 싸지 않소?"

泉云。只遮是。師云。背後底你。無對(長慶代云。太似不知。保福云。幾不到和尚此間。雲居錫云。此二尊者盡扶背後。只如南泉休去。為當扶面前扶背後)。崔相公入寺。見鳥雀於佛頭上放糞。乃問師曰。鳥雀還有佛性也無。師云。有。崔云。為什麼向佛頭上放糞。師云。是伊為什麼不向鷂子頭上放。

67) 장경(長慶)이 대신 말하기를 "흡사 모르는 것 같구나." 하였다.
보복(保福)이 말하기를 "몇 번이나 화상은 이곳에 이르지 못했던가?" 하였다.
운거석(雲居錫)이 말하기를 "이 두 존숙들이 다 등 뒤나 붙든 이라 하겠으나 남전이 그만두고 간 것은 앞모습을 붙든 것인가, 뒷모습을 붙든 것인가?" 하였다. (원주)

앙산(仰山)이 와서 뵈니, 대사가 말하였다.

"이미 서로 만났으니, 더 이상 올라올 필요가 없다."

앙산이 말하였다.

"이렇게 서로 만나면 너무 부당하지 않습니까?"

대사는 방장실로 돌아가서 문을 닫아버렸다.

앙산이 돌아가서 위산에게 이 사실을 말하니, 위산이 말하였다.

"혜적〔仰山〕아, 그게 무슨 짓이냐?"

앙산이 말하였다.

"만약 그렇게 하지 않았더라면 어찌 그를 알아볼 수 있었겠습니까?"

어떤 사람이 대사에게 물었다.

"제가 화상에게 개당(開堂)을 청하려는데 되겠습니까?"

대사가 말하였다.

仰山來參。師云。已相見了更不用上來。仰山云。恁麼相見莫不當否。師歸方丈閉却門。仰山歸擧似潙山。潙山云。寂子是什麼心行。仰山云。若不恁麼爭識得他。復有人問師曰。某甲擬請和尚開堂得否。師曰。

"네가 가진 물건 속의 석두(石頭)가 더워지면 될 수 있다."

그가 대답이 없었다.[68)]

당의 장경(長慶) 계묘 8월 19일에 열반에 드니, 수명은 80세이고, 시호는 전명 대사(傳明大師)요, 탑호는 영제(永際)라 하였다.

待汝將物裹石頭煖即得。彼無語(藥山代云。石頭煖也)。唐長慶癸卯歲八月十九日歸寂。壽八十。勅謚傳明大師塔曰永際。

68) 약산(藥山)이 대신 말하기를 "석두(石頭)가 더워졌다." 하였다. (원주)

 토끼뿔

ꕀ "뒤쪽의 것이구나." 에 대해

대원은 "옳기는 옳으나 남은 흠 자국을 어찌리오."라고 소평하노라.

ꕀ 또 "그렇다면 어찌하여 불상 위에다 똥을 쌉니까?" 에 대해

"불상 위의 똥은 보고 어찌 부처는 보지 못했는고?" 하여 한 번쯤 이끌어 주었어야 했다.

악주(鄂州) 무등(無等) 선사

무등 선사[69]는 위(尉)나라 사람으로 성은 이(李)씨이다. 처음에 출가하여 공공산에서 마조 대사를 뵙고, 남몰래 심인(心印)을 전해 받았다. 나중에 수주(隨州) 토문(土門)에 살면서 일찍이 주목(州牧) 왕상시(王常侍)를 보러 갔었다. 대사가 만나보고 물러나오는데 왕상시가 뒤를 따라 나오면서 대사를 불렀다.

"화상이여!"

대사가 뒤를 돌아보니, 왕상시가 기둥을 세 차례 쳤다. 대사가 손으로 원상을 짓고 다시 세 번 튕기고 가버렸다.

그 뒤에 무창(武昌)의 대적사(大寂寺)에 가서 살았는데, 어느 날 대중이 저녁 문안을 드렸다.

鄂州無等禪師者。尉氏人也。姓李氏。初出家於龔公山。參禮馬大師密受心要。後住隨州土門。嘗謁州牧王常侍者。師退將出門。王後呼之云和尚。師迴顧王敲柱三下。師以手作圓相。復三撥之便行。師後住武昌大寂寺。一日大衆晩參。

69) 무등 선사(? ~ 830).

대사는 대중들이 모두 자기 앞에 와서 인사하는 것을 보고 대중에게 말하였다.

"대중이여, 아까 나던 소리가 어디로 갔는가?"

어떤 승려가 손가락 끝을 바짝 세우니, 대사가 말하였다.

"안녕."

그 승려가 다음 날 아침 문안차 들어왔을 때, 대사가 몸을 돌려 벽을 향해 누워서 거짓으로 앓는 소리를 하면서 말하였다.

"노승이 2, 3일간 몸이 불편한데 대덕에게 어떤 약이 있거든 조금만 나에게 주시오."

그 승려가 손으로 물병을 치면서 말하였다.

"이 물병, 어디서 얻으셨습니까?"

"이것은 이 노승이니라. 대덕은 어디에 있는가?"

"또한 이것은 화상이며, 또한 이것은 저입니다."

당의 대화(大和) 4년 10월에 열반에 드니, 수명은 82세였다.

師見人人上來。師前道不審。乃謂眾曰。大眾適來聲向什麼處去也。有一僧竪起指頭。師云。珍重。其僧至來朝上參次。師乃轉身面壁而臥。佯作呻吟聲云。老僧三兩日來不多安樂。大德身邊有什麼藥物。與老僧些少。僧以手拍淨缾云。這箇淨缾什麼處得來。師云。這箇是老僧底。大德底在什麼處。僧云。亦是和尚底。亦是某甲底。唐大和四年十月示滅壽八十二。

 토끼뿔

물병을 치면서 "이 물병, 어디서 얻으셨습니까?" 했을 때

대원은 "어찌 얻은 것이라 하랴." 하리라.
험.

여산(廬山) 귀종사(歸宗寺) 지상(智常) 선사

지상 선사가 법상에 올라 말하였다.

"옛날의 고덕(古德)들은 지혜 없는 이가 없었고 고상한 선비들은 예사 무리가 아니었는데, 요새 사람들은 스스로 이루거나 스스로 서지 못하고 헛되이 세월을 보내니 그대들은 마음을 잘못 쓰지 말라.

아무도 그대들을 대신해 줄 이가 없다. 또 그대들이 마음 쓸 곳도 없으니 딴 곳에서 구하지 말라. 예전의 것은 단지 다른 이를 의지해서 안 것이니 말을 하면 모두가 그르치게 된다. 광명으로 꿰뚫지 못하는 것은 다만 눈앞 물건에 있기 때문이다."

어떤 승려가 물었다.

"어떤 것이 현묘한 진리입니까?"

대사가 말하였다.

"아무도 아는 이가 없다."

廬山歸宗寺智常禪師。上堂云。從上古德不是無知解。他高尚之士不同常流。今時不能自成自立虛度時光。諸子莫錯用心。無人替汝。亦無汝用心處。莫就他覓。從前只是依他解。發言皆滯。光不透脫。只為目前有物。僧問。如何是玄旨。師云。無人能會。

승려가 말하였다

"향하는 이는 어떠합니까?"

"향함이 있으면 벌써 어긋났다."

"향하지 않는 이는 어떠합니까?"

"누가 현묘한 진리를 구하리오."

대사가 또 말하였다.

"가거라. 그대가 마음 쓸 곳이 없다."

승려가 말하였다.

"어찌 학인으로 하여금 깨달아 들어가게 하는 방편이 없겠습니까?"

"관음보살의 묘한 지혜의 힘이 능히 세간의 고통을 구제하느니라."

"어떤 것이 관음보살의 묘한 지혜의 힘입니까?"

대사가 솥뚜껑을 세 번 두드리고 말하였다.

"들었는가?"

"들었습니다."

僧云。向者如何。師云。有向即乖。僧云。不向者如何。師云。誰求玄旨。又云。去無汝用心處。僧云。豈無方便門令學人得入。師云。觀音妙智力能救世間苦。僧云。如何是觀音妙智力。師敲鼎蓋三下云。子還聞否。僧云。聞。

대사가 말하였다
"나는 어찌하여 듣지 못하는가?"
그 승려가 말이 없으니 방망이로 때려 쫓았다.

대사가 일찍이 남전과 같이 다니다가 하루는 홀연히 서로 헤어지게 되어서 차를 달이는데, 남전이 물었다.
"전부터 사형과 따지던 말들은 이미 안 것이고, 이 뒤에 어떤 사람이 마지막 일을 물으면 어찌하겠습니까?"
대사가 말하였다.
"이 한 조각 땅이 매우 좋은 암자로구나."
"좋은 암자는 그만두고 마지막 일은 어찌 하시겠습니까?"
대사가 차 냄비를 치고 벌떡 일어서니, 남전이 말하였다.
"사형은 이미 차를 마셨지만 나는 아직 차를 마시지도 않았습니다."
"그렇게 말하자면 한 방울의 물도 녹일 것조차도 없다."

師云。我何不聞。僧無語。師以棒趁下。師嘗與南泉同行。後忽一日相別。煎茶次南泉問云。從前與師兄商量語句彼此已知。此後或有人問畢竟事作麼生。師云。這一片地大好卓庵。泉云。卓庵且置。畢竟事作麼生。師乃打却茶銚便起。泉云。師兄喫茶了。普願未曾喫茶。師云。作這箇語話。滴水也銷不得。

어떤 승려가 물었다.
"이 일이 영원하니 어떻게 마음을 써야 합니까?"
대사가 말하였다.
"쇠가죽으로 이슬 기둥을 묶어서 끄니 이슬 기둥이 짹짹 우는데 범상한 귀로는 들어도 들리지 않고 모든 성인들은 '하하' 웃는다."

대사는 속세의 관원이 오자 모자의 양쪽 끈을 들어 올리는 시늉을 하면서 말하였다.
"알겠는가?"
"모르겠습니다."
"노승이 머리에 풍기가 있어 모자를 벗지 않았으니 괴상히 여기지 말라."

대사가 채소밭에 들어가서 채소를 뜯다가 어느 한 포기 주위로 동그라미를 그리고 대중에게 말하였다.
"아무도 이것을 건드리지 말라."

僧問。此事久遠如何用心。師云。牛皮鞔露柱。露柱啾啾叫。凡耳聽不聞。說諸聖呵呵笑。師因俗官來。乃拈起帽子兩帶云。還會麼。俗官云。不會。師云。莫怪老僧頭風不卸帽子。師入園取菜次。師畫圓相圍却一株。語衆云。輒不得動著這箇。

대중이 아무도 그것을 만지지 못하니, 대사가 조금 있다가 다시 와서 그 채소가 여전히 있는 것을 보고 방망이로 대중을 때려 쫓으면서 말하였다.

"이 한 패거리 안에 지혜 있는 이가 하나도 없구나."

대사가 새로 온 승려에게 물었다.

"어디서 왔는가?"

"봉상(鳳翔)에서 왔습니다."

"그것을 가지고 왔는가?"

"가지고 왔습니다."

"어디에 있는가?"

그 승려가 손을 정수리 위로 올려 바치는 시늉을 하니, 대사가 그것을 받는 시늉을 했다가 다시 뒤로 던지는 시늉을 하였다. 그 승려가 말이 없으니, 대사가 말하였다.

"이 들여우야."

衆不敢動。少頃師復來見菜猶在。便以棒趁衆僧云。這一隊漢無一箇有智慧底。師問新到僧。什麼處來。僧云。鳳翔來。師云。還將得那箇來否。僧云。將得來。師云。在什麼處。僧以手從頂擎捧呈之。師即舉手作接勢拋向背後。僧無語。師云。這野狐兒。

대사가 풀을 깎는데 좌주(座主)가 와서 참례하였다. 때마침 대사가 풀을 매는데 뱀 한 마리가 지나가자 호미로 끊어 버렸다.

좌주가 말하였다.

"귀종의 훌륭함을 들어온 지 오래인데, 와서 보니 행이 거친 사문이로군."

대사가 말하였다.

"네가 거친가, 내가 거친가?"

"어떤 것이 거친 것입니까?"

대사가 호미를 들어 보이니, 좌주가 말하였다.

"어떤 것이 섬세한 것입니까?"

대사가 뱀 베는 시늉을 하니, 좌주가 말하였다.

"이와 같다면 곧 이에 의지하여 행하겠습니다."

"여기에 의지하여 행하는 것은 그만두고, 그대는 어느 곳에서 내가 뱀 베는 것을 보았는가?"

좌주가 말이 없었다.

師剗草次有座主來參。値師鋤草。忽見一條蛇。師以鋤便钁。座主云。久嚮歸宗。到來祇見箇麤行沙門。師云。是汝麤是我麤。主云。如何是麤。師竪起鋤頭。主云。如何是細。師作斬蛇勢。主云。與麽則依而行之。師云。依而行之卽且置。汝什麽處見我斬蛇。主無語[70]。

70) 師剗草次有座主來參에서 主無語까지 송, 원나라본에는 師剗草次有講僧來參。忽有一蛇過師以鋤斷之。僧云。久響歸宗元來是箇麁行沙門。師云。坐主歸茶堂內喫茶去로 되어 있다.

운암이 와서 뵈니 대사가 활을 당기는 시늉을 하였다. 운암이 잠잠히 있다가〔良久〕 칼을 뽑는 시늉을 하니, 대사가 말하였다.

"어서 오너라. 게으름뱅이야."

어떤 승려가 하직을 아뢰고 물러가니, 대사가 가까이 불러 세우고 말하였다.

"내가 그대를 위해 불법을 말해 주리라."

그 승려가 가까이 오니, 대사가 말하였다.

"그대와 모든 사람들이 다 일이 있을 터이니 너는 다른 때에 오되 아무도 모르게 오라. 날씨가 차가우니 길 조심해 가라."

대사가 법상에 올라 말하였다.

"내가 이제 선(禪)을 설하고자 하니 모두 가까이 오라."

대중이 가까이 오니, 대사가 말하였다.

"그대들은 관음의 행을 들어라. 온갖 곳에 잘 감응한다."

어떤 승려가 물었다.

雲巖來參。師作挽弓勢。巖良久作拔劍勢。師云。來太遲生。有僧辭去。師喚近前來。吾為汝說佛法。僧近前。師云。汝諸人盡有事在。汝異時却來這裏無人識汝。時寒途中善為去。師上堂云。吾今欲說禪。諸子總近前。大衆進前。師云。汝聽觀音行善應諸方所。僧問。

"어떤 것이 관음의 행입니까?"

대사가 손가락을 튕기면서 말하였다.

"모든 사람들이여 들었는가?"

"들었습니다."

대사가 말하였다.

"한 패거리가 여기에서 무엇을 찾고 있었단 말인가?"

그리고는 방망이로 때려 쫓고 껄껄 웃으면서 방장으로 돌아갔다.

어떤 승려가 물었다.

"처음 발심한 이가 어찌하여야 들어갈 곳을 깨닫겠습니까?"

대사가 솥뚜껑을 세 번 두드리고 말하였다.

"들었는가?"

그 승려가 대답하였다.

"들었습니다."

대사가 말하였다.

"나는 어째서 왜 들음이 없을고?"

대사가 다시 세 번 두드리고 물었다.

如何是觀音行。師乃彈指云。諸人還聞否。僧曰。聞。師云。一隊漢向這裏覓什麼。以棒趁出。大笑歸方丈。僧問。初心如何得箇入處。師敲鼎蓋三下云。還聞否。僧云。聞。師云。我何不聞。師又敲三下問。

"들었는가?"
승려가 말하였다.
"듣지 못했습니다."
대사가 말하였다.
"나는 어째서 듣는가?"
그 승려가 말이 없자 대사가 말하였다.
"관음의 묘한 지혜의 힘은 능히 세간의 고통을 구원한다."

강주(江州) 자사(刺史) 이발(李渤)이 대사에게 물었다.
"불경에서 말하기를 수미산에 겨자씨를 넣는다고 한 것은 제가 의심하지 않지만, 겨자씨 속에 수미산을 넣는다고 한 것은 거짓말이 아니겠습니까?"
대사가 말하였다.
"사람들이 사군은 만 권의 책을 읽었다고 하는데 사실인가?"
이발이 대답하였다.
"그렇습니다."
대사가 말하였다.

還聞否。僧云。不聞。師云。我何以聞。僧無語。師云。觀音妙智力能救世間苦。江州刺史李渤問師曰。教中所言須彌納芥子。渤即不疑。芥子納須彌莫是妄譚否。師曰。人傳使君讀萬卷書籍還是否。李曰。然。師曰。

"정수리로부터 발꿈치까지를 더듬어 봤자 야자나무만한 크기인데 만 권의 서적이 어디에 들어 있는가?"

이발이 머리를 숙이고 섰을 뿐이었다.

다른 날, 이발이 또 물었다.

"팔만대장경에서 어떤 일을 밝혔습니까?"

대사가 주먹을 들어 보이면서 말하였다.

"알겠는가?"

이발이 말하였다.

"모르겠습니다."

대사가 말하였다.

"이 한심한 선비여〔措大〕[71], 주먹도 모르는구나."

"스님께서 가르쳐 주시길 청합니다."

"사람을 만나면 길에서라도 주고받겠지만, 만나지 못하니 세속 진리만이 퍼진다."

摩頂至踵如椰子大。萬卷書向何處著。李俛首而已。李異日又問云。大藏教明得箇什麼邊事。師舉拳示之云。還會麼。李云。不會。師云。這箇措大。拳頭也不識。李云。請師指示。師云。遇人即途中授與。不遇即世諦流布。

71) 조대(措大) : 원문의 조대(措大)는 가난하고 실의에 빠진 선비라는 뜻이다.

대사는 눈동자가 겹으로 되어 있었는데, 약 묻은 손으로 눌렀더니 눈알이 모두 붉어져서 세상에서 '눈 붉은 귀종'이라 불렀다. 나중에 열반에 드니, 지진 선사(至眞禪師)라 시호를 내렸다.

師以目有重瞳。遂將藥手按摩。以致目眥俱赤。世號赤眼歸宗焉。後示滅。勅謚至真禪師。

 토끼뿔

ɷ "이 일이 영원하니, 어찌 마음을 써야 합니까?" 했을 때

대원은 "이렇게 쓴다." 하리라.

ɷ 대사가 채소밭에 들어가서 채소를 뜯다가 어느 한 포기 주위로 동그라미를 그리고 대중에게 말하기를 "아무도 이것을 건드리지 말라." 했을 때

대원이라면 할을 했을 것이다. 이 할은 어떠한 할이라 하겠는가?

ɷ 어떤 승려가 하직을 아뢰고 물러가니, 대사가 가까이 불러 세우고 말하기를 "내가 그대에게 불법을 말해 주리라." 했을 때

대원이라면 "잘 들었습니다." 하고 나왔을 것이다.

색 인 표

색 인 표

색 인 표

색 인 표

색 인 표

색 인 표

색인표

부록은 농선 대원 선사님의 인가 내력과 법어 그리고 대원 선사님께서 직접 작사하신 노래 가사를 실었다. 특히 요즘 선지식 없이 공부하는 이들을 위하여 수행의 길로부터 불보살님의 누림까지 닦아 증득할 수 있도록 '부록4'에 '가슴으로 부르는 불심의 노래' 가사를 담았으니, 끝까지 정독하여 수행의 요긴한 지침이 되기를 바란다.

부 록

농선 대원 선사님 인가 내력

제 1 오도송

이 몸을 끄는 놈 이 무슨 물건인가?
골똘히 생각한 지 서너 해 되던 때에
쉬이하고 불어온 솔바람 한 소리에
홀연히 대장부의 큰 일을 마치었네

무엇이 하늘이고 무엇이 땅이런가
이 몸이 청정하여 이러-히 가없어라
안팎 중간 없는 데서 이러-히 응하니
취하고 버림이란 애당초 없다네

하루 온종일 시간이 다하도록
헤아리고 분별한 그 모든 생각들이
옛 부처 나기 전의 오묘한 소식임을
듣고서 의심 않고 믿을 이 누구인가!

此身運轉是何物
疑端汨沒三夏來
松頭吹風其一聲
忽然大事一時了

何謂靑天何謂地
當體淸淨無邊外
無內外中應如是
小分取捨全然無

一日於十有二時
悉皆思量之分別
古佛未生前消息
聞者卽信不疑誰

대원 선사님의 스승이신 불조정맥 제77조 조계종(曹溪宗) 전강(田岡) 대선사님께서 1962년 대구 동화사의 조실로 계실 당시 대원 선사님께서도 동화사에 함께 머무르고 계셨다.

하루는 전강 대선사님께서 대원 선사님의 3연으로 되어 있는 제1오도송을 들어 깨달은 바는 분명하나 대개 오도송은 짧게 짓는다고 말씀하셨다. 이에 대원 선사님께서는 제1오도송을 읊은 뒤, 도솔암을 떠나 김제들을 지나다가 석양의 해와 달을 보고 문득 읊었던 제2오도송을 일러드렸다.

제 2 오도송

해는 서산 달은 동산 덩실하게 얹혀 있고
김제의 평야에는 가을빛이 가득하네
대천이란 이름자도 서지를 못하는데
석양의 마을길엔 사람들 오고 가네

日月兩嶺載同模
金提平野滿秋色
不立大千之名字
夕陽道路人去來

제2오도송을 들으신 전강 대선사님께서는 이에 그치지 않고 그와 같은 경지를 담은 게송을 이 자리에서 즉시 한 수 지어볼 수 있겠냐고 하셨다. 대원 선사님께서는 곧바로 다음과 같이 읊으셨다.

바위 위에는 솔바람이 있고
산 아래에는 황조가 날도다

대천도 흔적조차 없는데
달밤에 원숭이가 어지러이 우는구나

岩上在松風
山下飛黃鳥
大千無痕迹
月夜亂猿啼

전강 대선사님께서는 위 송의 앞의 두 구를 들으실 때만 해도 지그시 눈을 감고 계시다가 뒤의 두 구를 마저 채우자 문득 눈을 뜨고 기뻐하는 빛이 역력하셨다.

그러나 전강 대선사님께서는 여기에서도 그치지 않고 다시 한 번 물으셨다.

"대중들이 자네를 산으로 불러내어 그 중에 법성(향곡 스님 법제자인 진제 스님. 동화사 선방에 있을 당시에 '법성'이라 불렸고, 나중에 '법원'으로 개명하였다.)이 달마불식(達磨不識) 도리를 일러보라 했을 때 '드러났다'라고 답했다는데, 만약에 자네가 당시의 양무제였다면 '모르오'라고 이르고 있는 달마 대사에게 어떻게 했겠는가?"

대원 선사님께서 답하셨다.

"제가 양무제였다면 '성인이라 함도 서지 못하나 이러-히 짐의 덕화와 함께 어우러짐이 더욱 좋지 않겠습니까?' 하며 달마 대사의 손을 잡아 일으켰을 것입니다."

전강 대선사님께서 탄복하며 말씀하셨다.

"어느새 그 경지에 이르렀는가?"

"이르렀다곤들 어찌하며, 갖추었다곤들 어찌하며, 본래라곤들 어찌하리까? 오직 이러-할 뿐인데 말입니다."

대원 선사님께서 연이어 말씀하시자 전강 대선사님께서 이에 환희하시니 두 분이 어우러진 자리가 백아가 종자기를 만난 듯, 고수명창 어울리듯 화기애애하셨다.

달마불식 공안에 대한 위의 문답은 내력이 있는 것이다. 전강 대선사님께서 대원선사님을 부르시기 며칠 전에, 저녁 입선 시간 중에 노장님 몇 분만이 자리에 앉아있을 뿐 자리가 텅텅 비어 있었다고 한다.

대원 선사님께서 이상히 여기고 있던 중, 밖에서 한 젊은 수좌가 대원선사님을 불렀다. 그 수좌의 말이 스님들이 모두 윗산에 모여 기다리고 있으니 가자고 하기에 무슨 일인가 하고 따라가셨다.

그러자 그 자리에 있던 법성 스님이 보자마자 달마불식 법문을 들고 이르라고 하기에 지체없이 답하셨다.

"드러났다."

곁에 계시던 송암 스님께서 또 안수정등 법문을 들고 물으셨다.

"여기서 어떻게 살아나겠소?"

대뜸 큰소리로 이르셨다.

"안·수·정·등."

이에 좌우에 모인 스님들이 함구무언(緘口無言)인지라 대원 선사님께서는 먼저 그 자리를 떠나 내려와 버리셨다.

그 다음날 입승인 명허 스님께서 아침 공양이 끝난 자리에서 지난 밤 입선시간 중에 무단으로 자리를 비운 까닭을 묻는 대중 공사를 붙여산 중에서 있었던 일들이 낱낱이 드러나고 말았다. 그리하여 입선시간 중에 자리를 비운 스님들은 가사 장삼을 수하고 조실인 전강 대선사님께 참회의 절을 했던 일이 있었다.

전강 대선사님께서는 이때에 대원 선사님께서 달마불식 도리에 대해 일렀던 경지를 점검하셨던 것이다.

이런 철저한 검증의 자리가 있었던 다음 날, 전강 대선사님께서 부르시기에 대원 선사님께서 가보니 모든 것이 약조된 데에서 주지인 월산(月山) 스님께서 입회해 계셨으며 전강 대선사님께서는 곧바로 다음과 같이 전법게(傳法偈)를 전해주셨다.

전 법 게

부처와 조사도 일찍이 전한 것이 아니거늘
나 또한 어찌 받았다 하며 준다 할 것인가
이 법이 2천년대에 이르러서
널리 천하 사람을 제도하리라

佛祖未曾傳
我亦何受授
此法二千年
廣度天下人

덧붙여 이 일은 월산 스님이 증인이며 2000년까지 세 사람 모두 절대 다른 사람이 알게 하거나 눈에 띄게 하지 않아야 한다고 당부하셨다.

만약 그러지 않을 시에는 대원 선사님께서 법을 펴 나가는데 장애가 있을 것이라고 예언하셨다. 또한 각별히 신변을 조심하라 하시고 월산 스님에게 명령해 대원선사님을 동화사의 포교당인 보현사에 내려가 교화에 힘쓰게 하셨다.

대원 선사님께서 보현사로 떠나는 날, 전강 대선사님께서는 미리 적어두셨던 부송(付頌)을 주셨으니 다음과 같다.

부 송

어상을 내리지 않고 이러-히 대한다 함이여
뒷날 돌아이가 구멍 없는 피리를 불리니
이로부터 불법이 천하에 가득하리라

不下御床對如是
後日石兒吹無孔
自此佛法滿天下

위의 게송에서 '어상을 내리지 않고 이러-히 대한다 함이여'라는 첫째 줄 역시 내력이 있는 구절이다.

전에 대원 선사님께서 전강 대선사님을 군산 은적사에서 모시고 계실 당시 마당에서 홀연히 마주쳤을 때 다음과 같은 문답이 있었다.

전강 대선사님께서 물으셨다.

"공적(空寂)의 영지(靈知)를 이르게."

대원 선사님께서 대답하셨다.

"이러-히 스님과 대담(對談)합니다."

"영지의 공적을 이르게."

"스님과의 대담에 이러-합니다."

"어떤 것이 이러-히 대담하는 경지인가?"

"명왕(明王)은 어상(御床)을 내리지 않고 천하 일에 밝습니다."

위와 같은 문답 중에 대원 선사님께서 답하신 경지를 부송의 첫째 줄에 담으신 것이다.

전강 대선사님께서 대원선사님을 인가(印可)하신 과정을 볼 때 한 번, 두 번, 세 번을 확인하여 철저히 점검하신 명안종사의 안목에 탄복하지 않을 수 없으며 이에 끝까지 1초의 머뭇거림도 없이 명철하셨던 대원선사님께 찬탄하지 않을 수 없다.

그리하여 법열로 어우러진 두 분의 자리가 재현된 듯 함께 환희용약하지 않을 수 없다.

이제 전강 대선사님과 약속한 2천년대를 맞이하였으므로 여기에 전법게를 밝힌다.

이로써 경허, 만공, 전강 대선사님으로 내려온 근대 대선지식의 정법의 횃불이 이 시대에 이어져 전강 대선사님의 예언대로 불법이 천하에 가득할 것이다.

농선 대원 선사님 법어

깨달음은 실증실수다. 그러나 지금의 불교가 잘못된 견해와 지식으로 불조의 가르침을 왜곡하고 견성성불 하고자 애쓰는 수행인들을 오히려 길을 잃고 헤매게 하고 있다.

그래서 이 장에서는 대원 선사님의 혜안으로 제방에서 논의되는 불교의 핵심적인 대목을 밝혀, 불조의 근본 종지를 드러내고 불교가 나아가야 할 바를 보였다.

깨달음의 정수를 담은 12게송은 실제 깨닫지 못하고 말로만 깨달음을 말하거나 혹은 깨달았다 해도 보림이 미진한 이들을 경계하게 하며 실증의 바탕에서 닦아 증득할 수 있도록 하였으니, 생사를 결단하고 본연한 참나를 회복하려는 이들에게 칠흑 같은 밤길에 등불과 같은 길잡이가 될 것이다.

화두실참

제방의 선방 상황을 보면 목적지에 이르는 길을 몰라 노정길을 묻고 있는 격이다. 무자와 이뭐꼬 화두가 최고라 하면서도 실제 실참을 하지 못하고 있기 때문이다. '이 무엇인고?' 하면서 이 눈으로 보려 한다면 경계 위에서 찾는 것이어서 억만 겁을 두고 찾아도 찾을 수 없다. 그러므로 깨달아 일체종지를 이룬 스승의 분명한 안목의 지도가 없다면 화두를 들든, 관법을 행하든, 염불을 하든 깨달음을 기약한다는 것이 정말 어렵다 할 것이다.

오후보림

설사 깨달음을 성취했다 해도 그것은 공부의 끝이 아니다. 오후보림을 통해 업을 다해야만 육신통을 자재할 수 있게 되는 것이다. 일상에 육신통을 자재하는 구경본분의 경지일 때 비로소 공부를 마쳤다 할 것이다.

개유불성

부처님께서 분명히 준동함령 개유불성(蠢動含靈 皆有佛性)이라고 하셨다. 이것은 모든 만물이 다 부처가 될 성품을 갖고 있다는 뜻이다. 불성이 하나라고 주장하는 목소리가 불교계에 드높으나 이것은 개유불성 즉, 낱낱이 제 불성은 제가 지니고 있다는 부처님의 말씀을 정면으로 어기는 말이다.

옛 선사님 말씀에 '천지(天地)가 여아동근(與我同根)이고 만물(万物)이 여아일체(與我一切)'라고 했다. '천지가 여아동근이다' 라는 것은 하늘 땅이 나와 더불어 같은 뿌리라는 말이다.

'나와 더불어'라고 했고 또한 한 뿌리가 아니라 같은 뿌리라고 했다. '더불 여(與)'자와 '같을 동(同)'자가 이미 하나라 할 수 없다는 것을 말해주고 있다. 즉 이 말은 하나와도 같다, 한결같이 똑같다는 말이다. 하나라면 '같을 동'자 뿐만 아니라 일이란 글자도 설 수 없다. 일은 이가 있을 때에야 비로소 설 수 있는 것이다.

그러므로 '천지가 여아동근이다' 즉 하늘과 땅이 나와 더불어 같은 뿌리라는 것은 모든 것이 한결같이 가없는 성품 자체에서 비롯되었다는 말이다.

또한 '만물이 여아일체이다' 즉 만물이 나와 더불어 한 몸이라는 말에서 일체란 하나의 몸을 말하는 것이 아니라 모든 불성이 가없는 성품 자체로 서로 상즉한 온통인 몸을 말하는 것이어서 만물이 나와 더불어 상즉한 자체를 말한 것이다.

공부를 많이 한 사람이 외도에 깊이 떨어지는 경우가 있다. 인가를 받지 못한 선지식들이 모두 체성을 보지 못한 이는 아니다. 가없는 성품 자체에 사무치고 보니 도저히 둘일 수가 없으므로 불성이 하나라고 한 것이다. 그러나 불성이 하나라고 하는 것은 바른 깨달음이 아니다. 그래서 인가를 받지 않으면 외도라 하는 것이다. 체성에 사무쳤다 해도 스승의 지도를 받아 일체종지를 이루지 못하면 이런 큰 허물을 짓는 것이다.

만약 불성이 하나라고 하는 이가 있으면 "아픈 것을 느끼는 것이 몸뚱이냐, 자성이냐?"라고 물어야 한다. 그러면 당연히 누구나 자성이라고 답할 것이다. 만약 몸뚱이가 아픔을 느끼는 것이라면 시체도 아픔을 느껴야 하기 때문이다. 이렇게 볼 때에 자성이 하나라면 누군가 아플 때 동시에 모두 아픔을 느껴야 할 것이다. 또한 한 사람이 생각을 일으킬 때 이를 모두 알아야 한다. 불성이 하나라면 마음도 하나여서 다른 마음이 있을 수 없기 때문이다.

돈오돈수

제방에 돈오돈수(頓悟頓修)에 대한 여러 가지 서로 다른 주장으로 시비가 끊어지지 않고 있다. 이로 인해 수행자들이 견성하면 더 이상 닦을 것이 없다는 그릇된 견해에 집착하거나 의심을 일으킬까 염려하여 여기에 바른 돈오돈수의 이치를 밝히고자 한다.

견성이 곧 돈오돈수라고 하는 분들이 많다.

그러나 견성이 곧 구경지인 성불이라면 돈오면 그만이지 돈수란 말은 왜 해놓았겠는가?

또한 오후보림(悟後保任)이라는 말은 무슨 말인가.

금강경에는 네 가지 상(我相, 人相, 衆生相, 壽者相)만 여의면 곧 중생이 아니라는 말이 수없이 되풀이되고 있다.

그런데 제구 일상무상분(第九 一相無相分)을 볼 때 다툼이 없는(곧 모든 상을 여읜) 삼매인(三昧人) 가운데 제일인 아라한도 구경지가 아니니 보살도를 닦아 등각을 거쳐야 구경성불인 묘각지에 이르른다는 사실을 알 수 있다.

또한, 제이십삼 정심행선분(第二十三 淨心行善分)을 보면 부처님께서 "아도 없고, 인도 없고, 중생도 없고, 수자도 없는 가운데 모든 선법(善法)을 닦아야 곧 아뇩다라삼먁삼보리를 얻는다."라고 말씀하시고 있으니 이것은 다름이 아니라 견성한 후에 견성을 한 지혜로써 항상 체성을 여의지 않고, 남은 업을 모두 닦아 본래 갖춘 지혜덕상을 원만하게 회복시켜야 구경성불할 수 있다는 말씀이다.

그렇다면 어째서 돈수일까?

'돈'이란 시공이 설 수 없는 찰나요, '수'란 시간과 공간 속에서 닦는 것이다.

단박에 마친다면 '돈'이면 그만이고, 견성 이전이든 이후든 닦음이 있다면 '수'라고만 할 것이지 어째서 돈과 수가 함께 할 수 있을까? 그야말로 물의 차고 더움은 그 물을 마셔본 자만이 알듯이 깨달은 사람만이 알 것이다.

사무쳐 깨닫고 보니 시공이 서지 않아 이러-히 닦아도 닦음이 없으니 네 가지 상이 없는 가운데 모든 선법을 닦는 것이요, 단박에 깨달으니 색공(色空)이 설 수 없어 이러-한 경지에서 닦음 없이 닦으니 네 가지 상이 없는 가운데 모든 선법을 닦는 것이다.

이와 같이 깨달아서 깨달은 바 없고, 닦아서는 닦은 바 없이 닦아, 남음이 없는 구경지인 성불에 이르는 과정을 돈오돈수라 한다.

견성하면 마음 이외의 다른 물건이 없는 경지인데 어떻게 닦음이 있을 수 있는가 하고 의심하는 분들이 많다. 그러나 견성했다 해도 헤아릴 수 없는 겁 동안에 길들여온 업으로 인하여 경계를 대하면 깨달아 사무친 바와 늘 일치하지는 못한다.

그래서 견성한 지혜로써 항상 체성을 여의지 않고 억겁에 익혀온 업을 제거하고 지혜 덕상을 원만하게 회복시켜야 구경성불할 수 있다.

이것이 앞에서 밝혔듯 금강경에서 부처님께서 하신 말씀이요, 돈오돈수를 주창한 당사자인 육조 대사님께서 하신 말씀이다.

육조단경 돈황본 이십칠 상대법편과 이십팔 참됨과 거짓을 보면 육조 대사님께서 당신의 설법언하에 대오하고도 슬하에서 3, 40년간 보림한 십대 제자들을 모아놓고 말씀하신다.

"내가 떠난 뒤에 너희들은 각각 일방의 지도자가 될 것이다. 그러므로 내가 너희들에게 설법하는 것을 가르쳐서 근본종지를 잃지 않도록 해주리라. 나오고 들어감에 곧 양변을 여의도록 하라." 하시고 삼과(三科)의 법문과 삼십육대법(三十六對法)을 설하셨다.

뿐만 아니라 2, 3개월 후 다시 십대 제자들을 모아놓고 "8월이 되면 세상을 떠나고자 하니 너희들은 의심이 있거든 빨리 물어라. 내가 떠난 뒤에는 너희들을 가르쳐 줄 사람이 없다." 하시며 진가동정게(眞假動靜偈)를 설하시고 외워 가져 수행하여 종지를 잃지 않도록 하라고 거듭 당부를 하시고 있다.

이것을 보아서도 이 사람이 말한 돈오돈수와 육조 대사께서 말씀하신 돈오돈수가 같다는 것을 알 수 있을 것이다.

다시 한 번 밝히자면 돈오란 자신의 체성을 단박에 깨닫는 것이요, 돈수란 깨달은 체성의 지혜로써 닦음 없이 닦는 것으로 이것이 곧 오후 보림이며, 수행자들이 퇴전하지 않고 구경성불할 수 있는 바른 수행의 길이다.

다음은 전등록 제 9권에서 추출한 것이다.

"돈오(頓悟)한 사람도 닦아야 합니까?"

"만일 참되게 깨달아 근본을 얻으면 그대가 스스로 알게 될 것이니 닦는다, 닦지 않는다 하는 것은 두 가지의 말일 뿐이다. 처음으로 발심한 사람들이 비록 인연에 따라 한 생각에 본래의 이치를 단박에 깨달았으나 아직도 비롯함이 없는 여러 겁의 습기(習氣)는 단박에 없어지지 않으므로, 그것을 깨끗이 하기 위하여 현재의 업과 의식의 흐름을 차츰차츰 없애야 하나니 이것이 닦는 것이다. 그것에 따로이 수행하게 하는 법이 있다고 말하지 마라.

들음으로 진리에 들고, 진리를 듣고 묘함이 깊어지면 마음이 스스로 두렷이 밝아져서 미혹한 경지에 머무르지 않으리라. 비록 백천 가지 묘한 이치로써 당대를 휩쓴다 하여도 이는 자리에 앉아서 옷을 입었다가 다시 벗는 것으로써 살림을 삼는 것이니, 요약해서 말하면 실제 진리의 바탕에는 한 티끌도 받아들이지 않지만 만행을 닦는 부문에서는 한 법도 버리지 않느니라. 만일 깨달았다는 생각마저 단번에 자르면 범부니 성인이니 하는 생각이 다하여, 참되고 항상한 본체가 드러나 진리와 현실이 둘이 아니어서 여여한 부처이니라."

"무엇이 돈오(頓悟)이며, 무엇을 점수(漸修)라 합니까?"

"자기의 성품이 부처와 똑같다는 것은 단박에 깨달았으나 비롯함이 없는 옛적부터의 습관은 단박에 제거할 수 없으므로 차츰 물리쳐서 성품에 따라 작용을 일으켜야 하니, 마치 사람이 밥을 먹을 때에 첫술에 배가 부르지 않는 것과 같다."

간화선인가 묵조선인가

나에게 "당신의 지도는 간화입니까, 묵조입니까?"라고 묻는 이들이 있다. 나의 지도법에는 애당초부터 간화니 묵조니 하는 것이 없다. 가 없는 성품 자체로 일상을 지어가라는 말이 바로 그것을 대변해주고 있다. 묵조선과 간화선이 나뉜 것은 육조 대사 이후여서 육조 대사 당시까지만 해도 묵조선이니, 간화선이니 하여 나누지 않았다. 나는 육조 대사 당시의 법을 그대로 펴고 있는 것이다.

묵조선과 간화선은 원래 종파가 아니다. 지도받는 이의 근기에 따라 지도한 방편일 뿐이다. 들뜬 생각과 분별망상에서 이끌어내기 위한 방편으로 지도한 것이 묵조선이다. 그렇게 이끌어서 깨달아 사무치면 깨달아 사무친 경지가 일상이 되게끔 다시 이끌어 주어야 하는 것이다.

달마 대사를 묵조선이라고 하는데 중국에 오기 전 달마 대사가 육파외도(六派外道)를 조복시키는 대목을 보면 달마 대사가 묵조선이 아니라는 것이 역력히 드러난다.

다만 황제가 법문을 할 정도였던 그 시대의 교리 위주의 이론불교를 근본불교에 이르게 하기 위한 방편으로 "밖으로 반연하여 일으키는 모든 생각을 쉬고 안으로 구하는 마음마저 쉬어라."라고 가르친 것이다. 간화선도 마찬가지여서 화두라는 용광로에 일체 분별망상을 녹여 없앰으로써 밖으로 반연하여 일으키는 모든 생각을 쉬고, 안으로 구하는 마음마저 쉬게 하여 깨닫게끔 한 것이다.

즉 화두를 들어도 이런 경지에 이르러야 깨달을 수 있는 것이다. 오롯이 끊어지지 않게 화두를 들어서 오직 이러한 경지에 이르러 있다가 어떤 경계에 문득 부딪힘으로써 깨닫게 된다. 결국에는 화두인 모든 공안도리 역시 사무쳐 깨닫게 하기 위한 방편이다.

그러므로 수기설법(隨機說法)하고 응병여약(應病與藥)해야 한다. 나 역시 제자가 이러한 경지에 사무쳐 깨닫게끔 하지만, 이미 사무친 연후에는 가없는 성품 자체에 머물러 있으려고만 하지 말고, 그 경지에서 응하여 모자람 없도록 지어나가야 한다고 지도한다.

묵조나 일행삼매(一行三昧), 어느 쪽도 모든 이에게 정해 놓고 일정하게 주어서는 바른 지도가 될 수 없는 것이다. 내가 앉아서 선화할 때에는 오직 심외무물의 경지만 오롯하게끔 지으라고 지도하는 것은 어떻게 보면 묵조선이다. 그것이 가장 빨리 업을 녹이는 방법이기 때문에 그렇게 지도하는 것이다.

그러나 활동할 때는 가없는 성품 자체로 일상을 지어 가라고 지도했으니 이것은 곧 일행삼매에 이르도록 지도한 것이다. 안팎 없는 경지를 여의지 않는 것이 삼매이니, 일상생활 속에서 여의지 않는 가운데 보고 듣고, 보고 듣되 여의지 않는 그것이 일행삼매이다.

그렇다면 나는 한 사람에게 묵조선과 일행삼매를 다 가르치고 있는 것이 된다. 묵조선이라고 했지만 앉아서는 생사해탈을 위한 멸진정을 익히도록 하고, 그 외에는 다 일행삼매를 짓도록 지도하고 있는 것이어서 한편으로 멸진정을 익히는 가운데 조사선을 짓고 있는 것이다.

어떠한 약도 쓰이는 곳에 따라 좋은 약이 되기도 하고 사약이 되기도 한다. 스승이 진정 자유자재해서 제자가 머물러 있는 부분을 틔워주는 지도를 할 때 그것이 약이 되는 것이다.

그러므로 '나는 간화선만을 가르친다.' 그렇게 지도해서는 안 된다. 부처님께서도 수기설법하라 하셨다. 병을 치료해 주는 것이 약이듯 그 기틀에 맞게끔 설해 주는 것이 참 법이다.

무유정법(無有定法)이라 하지 않았는가. 그 사람의 바탕과 익힌 업력과 현재의 경지 등 모든 것을 참작해서 거기에 알맞게 베풀어 주어야 한다.

부처님의 경을 마가 설하면 마설이 되고, 마경을 부처님께서 설하시면 진리의 경전이 된다는 것도 바로 이런 데에서 하신 말씀이다.

어느 한 종에만 편승하면 안 된다. 우리는 이 속에 오종칠가(五宗七家)의 법을 다 수용해야 된다. 어느 한 법도 버릴 수 없다. 모든 근기에 알맞도록 설해 주고 이끌어 줄 수 있어야 하기 때문이다.

그래서 다만 응하여 모자람이 없이 병에 의하여 약을 줄 뿐, 정해진 법이 없어서 어느 한 법도 따로 취함이 없어야 하는 것이다.

육조 대사께 행창이 찾아와 부처님 열반경 중에서 유상(有常)과 무상(無常)을 가지고 물었을 때 행창이 무상이라 하면 육조 대사는 유상이라 하고, 행창이 유상이라 하면 육조 대사는 무상이라 했다. 왜냐하면 원래부터 무상이니 유상이니가 있을 수 없어서, 부처님께서는 다만 유상이라는 집착을 벗어나게 하기 위해 무상을 말씀하시고, 무상이라는 집착을 벗어나게 하기 위해 유상을 말씀하셨을 뿐이거늘, 행창은 열반경의 이 말씀에 묶여 있었기 때문이다.

육조 대사가 이러한 이치에 대해서 설하자 행창이 곧 깨닫고 오도송을 지어 바쳤다.

이렇게 수기설법할 때 불법이다. 수기설법하지 못하면 임제종보다 더한 것이라 해도 불법일 수 없다.

각각 사람의 근기가 다른데 어떻게 천편일률적인 방법으로 똑같이 교화할 수 있겠는가.

불교 종단은 깨달은 분에 의해 운영되어야 한다 

불교 정상의 지도자는 깨달아 일체종지를 이룬 분으로서, 어떤 이보다도 그 통달한 지혜와 덕과 복을 갖춤이 뛰어나고, 멀리 앞을 내다보는 안목을 지니고 있어야 한다. 그리고 불교 종단은 그분의 말이 법이 되어야 하고, 그분의 지시에 의해 운영되어야 한다.

당연하게 여겨져야 할 이 일이 새삼스러운 일로 여겨지는 것이야말로 크게 개탄해야 될 오늘날 불교계의 현실이다. 왜냐하면 이 일이 새삼스러워진 것만큼 부처님 당시의 법에서 그만큼 멀어졌다는 것을 의미하기 때문이다.

석가모니 부처님 생전에는 부처님 말씀 그대로가 법이었다. 그리고 부처님은 깨달음을 제1의 법으로 두셨다. 그렇기 때문에 부처님의 모든 법문을 가장 많이 알고 있는 다문제일 아난존자가 깨닫지 못했다는 이유로 부처님 열반 후, 제1차 경전 결집에 참여할 수 없었던 것이다.

이변인 법에 있어서 뿐만 아니라 사변인 승단의 행정에 있어서도 마찬가지였다. 계율을 정하고, 대중을 통솔하고, 승단을 운영하는 일까지 부처님께서 직접 지시하셨다.

모든 제자들은 부처님의 말씀을 따라 그 지시대로 한 마음, 한 뜻으로 부처님의 손발이 되었을 뿐이다. 부처님의 지시야말로 과거, 현재,

미래를 내다보는 안목의 가장 이상적인 행정이었기 때문이다.

우리나라 역시 근대에만 해도 깨달아 법력을 지닌 분이 종정을 지내셨을 때에는 그분의 말씀이 법이었고, 인가 받은 분들이 종회에 계실 때에는 그분들의 말씀을 받들어 종단의 행정이 운영되었다.

하동산 선사나 금오 선사, 효봉 선사 같은 분들이 종정이셨던 1950~60년대까지도 그러하였으니, 종정이 종단 전체의 주요 안건을 결정하는 결정권을 가지고 있었다.

종회 역시 혜암 스님, 금오 스님, 춘성 스님, 청담 스님 등 만공 선사 회상에서 인가 받은 분들이 종회에 계실 때에는 그분들의 뜻에 의거하여 종회 의원들이 승단의 일을 처리하였다.

그러므로 현재에 있어서도 만약 종회에 의해 종단이 운영되어야 한다면, 종회는 깨달아 보림한 분으로 구성되어야 한다. 그러한 종회라면 금상첨화여서 가장 훌륭한 불교 종단 운영이 될 것이다. 그러나 그것이 어려워서 깨달아 보림해서 일체종지를 통달한 분이 종정 한 분이라면, 그 한 분에 의해 모든 통솔이 이루어져야 한다. 만약 깨닫지 못한 분으로 이루어진 종회나 총무원에 의해 종단이 운영된다면, 십중팔구 그것은 진리가 아닌 세속적인 판단으로 흘러가기 때문이다.

이것은 불교 종단뿐만 아니라 한 절에 있어서도 마찬가지이다. 법이 가장 뛰어난 분으로 그 절의 운영이 이루어져야 바른 운영이 이루어진다. 그래서 선을 꽃피웠던 중국에서도 56조 석옥 청공 선사에 이르기까지 대대로 공부가 가장 많이 된 분인 조실이 주지를 겸하여 절 일을 보셨다.

조실과 주지가 다른 분이 아니었으니, 이판과 사판이 나뉘어지지 않았다.

이판을 운용하는 것이 사판이기 때문에, 이판과 사판은 본래 나뉠 수 없는 것이다. 이판에 있어서 깨달은 분이어야 하는 것처럼, 사변을 운용하고 다스리는 사판에 있어서도 다를 수 없다고 본다.

일체유심조, 마음이 세계를 빚어내듯 모든 이치를 운용하는 지혜가 있어야 사변에 있어서도 자유자재의 운영이 가능하기 때문이다.

일체 모든 진리를 설한 경전과 일체 모든 실천규범을 정한 율로 이사일치의 수행을 현실화했던 석가모니 부처님, 무위도식하거나 말로만 떠드는 수행을 경계하여 '일일부작이면 일일불식하라'는 승가의 규율을 통해 일상 그대로인 선을 꽃피우고자 했던 백장 선사, 생생히 살아 숨쉬는 불법의 역사 어디에도 이판과 사판이 나뉘었던 적은 없었다.

불법은 이름 그대로 부처님의 법이다.

부처님 당시의 법이 오늘에 되살려져, 항상한 이치가 응하여 모자람 없는 다양한 방편으로 변주되어, 만인의 삶이 불법의 가피와 축복 속에 꽃피고 열매 맺을 수 있도록, 불교 종단의 운영은 반드시 깨달아 일체종지를 통달한 분에 의해 이루어져야 한다고 본다.

조계종을 육조정맥종이라고 이름한 이유

불법이 석가모니 부처님으로부터 28대 달마 대사에 이르러 동토에 전해지고 다시 33조인 육조 대사에 의해 가장 활발하고 왕성한 황금 시대를 이루었다. 그래서 우리나라의 정통 불교 종단에 조계종이라는 이름이 붙여진 것이다. 육조 대사께서 생전에 조계산에 주하셨고, 대부분의 선사들의 호로 계신 곳의 지명이나 산 이름으로 쓰였기 때문이다.

그러므로 조계종의 조계란 육조 대사를 의미하고, 조계종이란 결국 육조 대사의 법을 의미하며 조계종단은 육조 대사의 법을 받아 이어가는 종단이다.

그러나 조계는 육조 대사께서 정식으로 스승에게 받은 호가 아니다. 호는 당호라고도 하는데, 대부분 스승이 제자를 인가하며 주는 것이다. 종사와 법을 거량하여 종사로부터 인가를 받고 입실건당의 전법식을 할 때에 당호와 가사, 장삼, 전법게 등을 받는다. 이때, 위에서 말하였듯 주로 그가 살고 있는 절 이름, 또는 지명, 그가 거처하던 집 등의 이름을 취하여 호로 삼는 경우가 많다. 그런데 육조 대사께서 조계산에 주하시기는 하였으나 스승인 오조 홍인 대사는 육조 대사에게 조계라는 호를 내린 적이 없다. 또 육조 대사 역시 생전에 조계라는 호를 쓴 적이 없다.

대부분의 사전에 육조 대사를 조계 대사라고도 한다고 되어 있는데, 이것은 후대인들이 지어 부른 것이다. 만약 '조계'를 육조 대사를 지칭하는 공식적인 명칭으로 쓴다면 이것은 후대인들이 선대의 대선사의 호를 지어 부르는 격이 되니 참으로 예에 맞지 않다고 할 것이다.

이러한 이유에서 조계종이라는 이름이 불교종단의 정식이름으로 적합하지 않다고 보았고, 또한 육조 대사의 법을 이어받아 바르게 펴는 곳이라는 의미를 담기에 가장 적당하여 육조정맥종이라 이름하였을 뿐, 수덕사 문중 전강 선사님의 인가를 받아 석가모니 부처님으로부터 근대의 대선지식인 경허, 만공, 전강 선사로 이어진 법맥을 이은 이로서 따로이 새로운 종단을 설립한 것이 아니다. 그렇기에 출가함에 있어서 불필요한 논쟁의 소지를 없애기 위해 육조정맥종이라고 이름한 이유와 스스로 한 번도 결제, 해제, 연두법어를 내리지 않았던 까닭이 따로 새로운 종단을 설립한 것이 아니었기 때문이라는 것을 밝히는 바이다.

자경(自警)

자경이란 마음이나 행동을 스스로 경계하여 주의하는 것이다.

최고의 스승은 자기 자신에게 있다. 자경이야말로 최고의 스승이 아닐 수 없다. '과연 이 순간에 생사의 기로에 놓인다면 스스로 호흡을 거두기를 뜻대로 자재할 수 있는가' 언제나 이렇게 비추어본다면, 깨달은 이라 해도 생사대사의 일을 마치는 날까지 머무를 수 없을 것이다.

보살행

자리이타의 보살행은 특별한 분만이 할 수 있는 것이 아니다. 수행자라면 누구나 자기 분상에서 한 걸음 더 나아가 베푸는 보살행이 있어야 한다. 이것이 부처님께서 말씀하시는 대승, 최상승의 길이다. 한시도 머물지 말고 항상 움직여 써서 만인과 만물을 이롭게 하라.

희비송(喜悲頌)

이름도 없고 상도 없는 일 없는 사람이
태평의 노래를 흥에 취해 불렀더니
때도 없고 끝도 없는 구제의 일이
대천세계에 충만히 펼쳐졌네

無名無相無事人
太平之歌唱興醉
無時無端救濟事
大千世界布充滿

정신송(正信頌)

이름도 없고 상도 없는 이 바탕인 몸이여
이 바탕을 깨달은 믿음이라야 바른 믿음이라
이와 같은 믿음이 없이는 마음이 나라 말라
눈 광명이 땅에 떨어질 때 한이 만단이나 되리라

無名無相是地體
悟地之信是正信
若無是信莫心我
眼光落地恨萬端

진심송(眞心頌)

이름도 없고 상도 없는 이 진공이여
공이라는 공은 공이라 함마저도 없는 참 바탕이라
이와 같은 바탕이라야 이 공인 몸이니
이와 같은 몸이 아니면 참다운 마음이 아니니라

無名無相是眞空
空空無空是眞地
如是之地是空體
如是非體非眞心

업신송(業身頌)

업의 몸이란 것은 고통의 근본이요
업의 마음이란 것은 환란의 근본이니라
업의 행이란 것은 다툼의 근본이요
업의 일이란 것은 허망의 근본이니라

業身乃苦痛之本
業心乃患亂之本
業行乃鬪爭之本
業事乃虛妄之本

보림송(保任頌) 1

업의 몸을 다스리는 데는 계행이 최상이요
업의 마음을 다스리는 데는 인내가 최상이니라
계행과 인내로 잘 다스리면 보림이 순조롭고
보림이 잘 이루어지면 구경에 이르느니라

治業身之戒最上
治業心之忍最上
善治戒忍順保任
善成保任至究竟

보림송(保任頌) 2

육신의 욕망은 하나까지라도 모두 버려야 하고
육신을 향한 생각은 남음이 없이 버려야 하느니라
이와 같이 보림하면 업이 중한 사람일지라도
당생에 반드시 구경지를 성취하리라

肉身欲望捨都一
肉身向思捨無餘
如是保任重業人
當生必成究竟地

공성본질송(空性本質頌) 1

무극인 빈 성품의 본래 몸은
언어나 마음과 행위로 표현 못 하나
모든 부처님과 만물이 이로 좇아 생겼으며
궁극에는 일체가 돌아가 의지할 곳이니라

無極空性之本體
言語道斷滅心行
諸佛萬物從此生
窮極一切歸依處

공성본질송(空性本質頌) 2 

혼연한 빈 바탕을 이름해서 무아라 하고
무아의 다른 이름이 이 무극이니라
유정 무정이 이로 좇아 생겼으며
궁극에는 일체가 돌아가 의지할 곳이니라

渾然空地名無我
無我異名是無極
有情無情從此生
窮極一切歸依處

공성본질송(空性本質頌) 3

이러-히 밝게 사무친 것을 이름해서 견성이라 하고
이 바탕에 밝게 사무쳐야 바르게 깨달은 사람이니
도를 닦는 사람은 반드시 명심해서
각자 관조하여 그릇 깨달음이 없어야 하느니라

如是明徹名見性
是地明徹正悟人
修道之人必銘心
各者觀照無非悟

명정오송(明正悟頌)

밝지도 어둡지도 않은 곳을 향해서
그윽한 본래의 바탕에 합하여야
이것을 진실한 깨달음이라 하는 것이니
그렇지 않다면 바른 깨달음이 아니니라

向不明暗處
冥合本來地
此是眞實悟
不然非正悟

무아송(無我頌)

중생들이 말하는 무아라는 것은
변하고 달라지는 나를 말하는 것이요
깨달은 사람의 무아는
변하지 않는 나를 말하는 것이다

衆生之無我
變異之言我
悟人之無我
不變之言我

태시송(太始頌)

탐착한 묘한 광명에 합한 것이 상을 이루었고
상에 집착하여 사는데서 익힌 것이 모든 업을 이루었다
업을 인해서 만반상이 생겨 나왔으며
만상으로 해서 만반법이 생겨 나왔다

貪着妙光合成相
執相生習成諸業
因業生出萬般象
萬象生出萬般法

21세기에 인류가 해야 할 일

이 사람은 1962년 26세 때부터 21세기에 인류에게 닥칠 공해문제, 에너지문제를 예견하고 대체에너지(무한원동기, 태양력, 파력, 풍력 등) 개발과 '울 안의 농법'을 연구하고 그 필요성을 많은 이들에게 이야기해 왔습니다.

당시에는 너무 시대를 앞서가는 이야기여서인지 일반인들이 수용하지 못하고 오히려 불신의 눈으로 바라보며 이 사람의 법마저 의심하였습니다. 하지만 현대에 있어서는 이것이 인류가 해결해야 할 가장 절박한 사안이 되어 있습니다.

'사막화방지 국제연대'를 설립한 것도 현재 인류가 해결해야 할 가장 절박한 지구환경문제를 이슈화시키고 그 해결책을 제시하여 재앙에 직면한 지구촌을 살리기 위해서입니다.

'사막화방지 국제연대'에서 추진하고 있는 사막화 방지, 지구 초원화, 대체에너지 개발은 온 인류가 발 벗고 나서서 해야 할 일입니다.

첫 번째 사막화 방지에 있어서 기존에 해왔던 '나무심기 사업'은 천문학적인 예산과 많은 인력을 동원하고도 극도로 황폐한 사막화된 환경을 되살리는 데 실패하였습니다.

그래서 이 사람은 사막화 방지에 있어서는 '사막 해수로 사업'을 새로운 방안으로 제시하였습니다.

사막 해수로 사업은 사막화된 지역에 수도관을 매설하여 바닷물을 끌어들여서 염분에 강한 식물을 중심으로 자연생태계를 복원하는 사업입니다.

이것은 나무심기 사업으로 심은 나무들이 절대적으로 물이 부족하여 생존할 수 없었던 문제를 해결할 수 있는, 현재로서는 유일한 해결책입니다.

그러나 '사막화방지 국제연대'의 목적은 사막이 확장되는 것을 방지하자는 것이지 사막 전체를 완전히 없애자는 것은 아닙니다. 인체에서 심장이 모든 피를 전신의 구석구석까지 골고루 보내어 살아서 활동하게 하듯이 사막은 오히려 지구의 심장 역할을 하는 중요한 곳이기 때문입니다.

그래서 21세기에 있어서는 다만 사막의 확장을 방지할 뿐 아니라 사막을 어떻게 운용하느냐를 연구해야 합니다.

사막에 바둑판처럼 사방이 막힌 플륨관 수로를 설치하여 동, 서, 남, 북 어느 방향의 수로를 얼마만큼 채우느냐 비우느냐에 따라, 사막으로부터 사방 어느 방향으로든 거리까지 조절하여, 원하는 지역에 비를 내리게 하고 그치게 할 수 있습니다. 철저히 과학적인 데이터에 의해 이렇게 사막을 운용함으로써 21세기의 지구를 풍요로운 낙원시대로 만들어가야 합니다.

두 번째로 지구를 초원화할 수 있는 방안으로 3년간의 실험을 통해, 광활한 황무지 지역을 큰 비용을 들이거나 많은 인력을 동원하지 않고도 짧은 시간 내에 초지로 바꿀 수 있는 식물을 찾아냈습니다.

그것은 바로 '돌나물'입니다. 돌나물은 따로 종자를 심을 필요가 없이 헬리콥터나 비행기로 살포해도 생존, 번식할 수 있으며, 추위와 더위, 황폐한 땅에서도 살아남을 수 있는 생명력과 번식력이 강한 식물입니다.

지구환경을 되살리는 초지조성 사업에 있어서 이것이 큰 도움이 되리라 생각합니다.

세 번째의 대체에너지 개발에 있어서는 태양력, 파력, 풍력 등 1962년도부터 이 사람이 연구하고 얘기해왔던 방법들이 이미 많이 개발되어 실용화한 단계에 있습니다.

이 세 가지 일은 한 개인이나 한 국가가 할 수 있는 일이 아닙니다. 모든 국가가 앞장서서 전세계적인 사업으로 이루어져야 합니다. 모든 국가가 함께 하는 기금조성이 이루어져야 하고 기금조성에 참여한 국가는 이 시스템에 의한 전면적인 혜택을 입을 수 있도록 해야 합니다.

인류 모두가 지혜를 모아 이 일에 전력을 다한다면 인류는 유사 이래 가장 좋은 시절을 맞이하게 될 것이며, 만약 이 일을 남의 일인 양 외면한다면 극한의 재앙을 면할 수 없을 것입니다.

이 사람이 오래 전부터 얘기해왔던 '울 안의 농법'은 이미 미국 라스베이거스(Las Vegas)에서 30층짜리 '고층 빌딩 농장'으로 구현되었습니다. 그렇게 크게도 운영될 수 있지만 각자 자신의 집에서 이루어지는 '울 안의 농법'도 필요합니다.

21세기에 있어서 또 하나 인류가 만일의 사태를 대비해서 연구, 추진해야 될 일이 있다면 바닷속에서의 수중생활, 수중경작입니다.

지구 온난화가 심화될 경우, 공기가 너무 많이 오염될 경우, 바닷물이 높아져 살 땅이 좁아질 경우 등에 대비할 때, 인류는 우주에서의 삶보다는 바닷속에서의 삶을 준비해야 합니다. 왜냐하면 그것이 훨씬 수월하고 비용도 절감할 수 있기 때문입니다.

이렇게 깨달은 이는 이변적으로는 깨달음을 얻게 하여 영생불멸의 삶을 영위할 수 있도록 만인을 이끌어야 하며 사변적으로는 일반인이 예측할 수 없는 백 년, 천 년 앞을 내다보아 이를 미리 앞서 대비하도록 만인의 삶을 이끌어줘야 한다고 생각합니다.

불법의 뜻은 다만 진리 전수에만 있는 것이 아니니, 만인이 서로 함께 영원한 극락을 누릴 때까지 물심양면으로, 이사일여로 베풀어 교화해야 하기 때문입니다.

가슴으로 부르는 불심의 노래

여기에 실린 가사는 모두 농선 대원 선사님께서 직접 작사하신 것이다. 수행의 길로 들어서게끔 신심, 발심을 북돋아주는 가사로부터 수행의 길로 접어든 이의 구도의 몸부림이 담겨있는 가사, 대승의 원력을 발해서 교화하는 보살의 자비심과 함께 낙원세계를 누리는 풍류를 그려놓은 가사까지 한마디, 한마디가 생생하여 그 뜻이 뼛속 깊이 새겨지고 그 멋에 흠뻑 취하게 된다. 농선 대원 선사님께서는 거칠고 말초적인 요즘의 노래를 듣고 이러한 정서를 순화시키고자, 또한 수행의 마음을 진작시키고자 하는 뜻에서 이 가사들을 쓰셨다.

그래야지

1.
마음으로 물질로써
갖가지로 베푸는 것
생활화한 국민되어
이뤄내는 국가되세
그래야지 그래야지
얼씨구나 좀 더 좋다

그런 이웃 그런 나라
이뤄내서 사노라면
모든 나라 따르리니
그리되면 지상낙원
그래야지 그래야지
얼씨구나 좀 더 좋다

별중의 별 될 것이니
선조의 뜻 이룸이라
후손으로 할 일 해낸
자부심이 치솟누나
그래야지 그래야지
얼씨구나 좀 더 좋다

얼씨구야 절씨구야
좀 더 좋고 좀 더 좋다
얼씨구야 절씨구야
좀 더 좋고 좀 더 좋다

아리랑 아리랑 아라리요
아리랑 고개를 넘어간다

2.
그래야지 그래야지
혼자 삶이 아닌 세상
웬만하면 넘어가는
아량으로 살아가세
그래야지 그래야지
얼씨구나 좀 더 좋다

부딪히면 틀어져서
소통의 길 막히나니
그러므로 눈 감아줘
참는 것이 상책일세
그래야지 그래야지
얼씨구나 좀 더 좋다

걸린 생각 비워내서
한결같이 사노라면
복이되어 돌아옴을
실감할 날 있을 걸세
그래야지 그래야지
좀 더 좋고 좀 더 좋다

얼씨구야 절씨구야
좀 더 좋고 좀 더 좋다
얼씨구야 절씨구야
좀 더 좋고 좀 더 좋다

아리랑 아리랑 아라리요
아리랑 고개를 넘어간다

마음

1.
시작도 없는 마음
끝남도 없는 마음

온통으로 드러나
언제나 같이 있어

어떤 것도 가릴 수
전혀 없는 그 마음

고고하고 당당한
영원한 마음일세

아리랑 아리랑 아라리요
아리랑 고개를 넘어간다
청천 하늘에 잔별도 많고
요내 가슴에는 희망도 많다

2.
모두를 마음으로
시도를 뭐든 해봐

안되는 일 없어서
사는 데 불편없고

하고프면 하면 돼
뜻 펼치는 삶이니

즐겁고도 즐거운
누리는 삶이로세

아리랑 아리랑 아라리요
아리랑 고개를 넘어간다
청천 하늘에 잔별도 많고
요내 가슴에는 희망도 많다

사는게 아리랑 고개

1.
이 마음이 내가 되니
나고 죽음 본래 없고
이리 보고 저리 봐도
허공까지 내 몸일세
신기하고 신기하다
신기하고 신기해

이 마음이 내가 되니
안 되는 일 전혀 없어
잡된 생각 사라지고
두려움도 없어졌네
신기하고 신기하다
신기하고 신기해

이 마음이 내가 되니
끝이 없이 자유롭고
잠 못 이룬 괴로움과
공황장애 흔적 없네
신기하고 신기하다
신기하고 신기해

아리랑 아리랑
아라리요
아리랑 고개를 넘어왔다

2.
이 마음이 내가 되니
맘 먹은 일 순조롭고
살아가는 나날들이
마음광명 누림일세
신기하고 신기하다
신기하고 신기해

이 마음이 내가 되니
마음광명 누림이라
나날들이 평화롭고
자신감이 넘쳐나네
신기하고 신기하다
신기하고 신기해

이 마음이 내가 되니
대인관계 순조로와
일일마다 즐거웁고
웃음꽃이 피어나네
신기하고 신기하다
신기하고 신기해

아리랑 아리랑
아라리요
아리랑 고개를 넘어왔다

불보살의 마음

1.
자비, 그 자비는 눈물이었네
불나방이 불을 쫓듯 가는 이
그래도 못 잊어서 버리지 못해
저리는 저리는 가슴, 그 가슴 안고서
눈물, 피눈물로 저리 부르네

2.
자비, 그 자비는 눈물이었네
제 살 길을 저버리는 이들을
그래도 못 잊어서 버리지 못해
저리는 저리는 가슴, 그 가슴 안고서
눈물, 피눈물로 저리 부르네

나의 노래

1.
노세 노세 봄놀이하세
대천세계 이 봄 경치
한산 습득 친구 삼아
호연지기 즐겨볼까
얼씨구나 절씨구
아니나 즐기고 무엇하리

2.
노세 노세 봄놀이하세
걸음 쫓아 이른 곳곳
문수 보현 벗을 삼아
화엄광장 춤춰볼까
얼씨구나 절씨구
아니나 즐기고 무엇하리

평화로운 삶

1.
이 몸을 나로 아는
하나의 실수로서
우주가 생긴 이래

얼마나 많은 고통
겪어들 왔었던가
치떨린 일이로세

뭘 해야 그 반복을
금생에 끊어버려
그 고통 벗어날까

생각코 생각하니
그 해결 내게 있네
마음이 나 된걸세

아리랑 아리랑 아라리요
아리랑 고개를 넘어간다
청천 하늘엔 잔별도 많고
이내 가슴엔 희망도 많다

2.
마음이 내가 되면
그 어떤 것이라도
더 이상 필요찮고

마음이 내가 되면
미묘한 갖은 공덕
스스로 갖춰 있고

마음이 내가 되면
그 모든 근심 걱정
씻은 듯 사라지고

마음이 내가 되면
이 생과 저 세상이
당초에 없는 걸세

아리랑 아리랑 아라리요
아리랑 고개를 넘어간다
청천 하늘엔 잔별도 많고
이내 가슴엔 희망도 많다

3.
마음이 내가 되면
어제와 내일 일을
눈 앞 일 알 듯하고

마음이 내가 되면
신분이 관계 없이
서로가 평등하며

마음이 내가 되면
모든 일 뜻을 따라
원만히 이뤄지고

마음이 내가 되면
걸림이 없는 그 삶
저절로 이뤄지네

아리랑 아리랑 아라리요
아리랑 고개를 넘어간다
청천 하늘엔 잔별도 많고
이내 가슴엔 희망도 많다

믿음으로 여는 세상

1.
우리들 모두가 부처님 의지해 활짝 열린 가슴으로써
다 같이 도와서 살아들 간다면 훈풍 같은 앞날이리라
아! 즐겁게 즐겁게 마음을 다스려 참모습을 이루노라면
정토의 세상이 우리를 맞으리 우리 모두 기도합시다
다 같이 기도합시다

2.
우리들 모두가 참선을 할 때는 모두 비워 명경지수로
참나를 관조해 실경에 사무쳐 깨달아서 활짝 웃는 날
아! 즐겁게 즐겁게 법담을 함으로 꽃피울 걸 맹세를 하고
정진에 정진을 정진에 정진을 우리 모두 실천합시다
다 같이 실천합시다

잘 사는 게 불법일세

1.
잘 사는 게 불법일세
우리 모두 관음보살 지장보살 생활 속에 모시면서
마음 비운 나날들로 바른 삶을 하노라면
불보살님 가피 속에 뜻 이뤄서 꽃을 피운
그런 날이 있을 걸세

2.
잘 사는 게 불법일세
우리 모두 관음보살 지장보살 생활 속에 모시면서
마음 비워 살아가며 시시때때 잊지 않고
참나 찾아 참구하는 그 정성도 함께하면
좋은 소식 있을 걸세

3.
잘 사는 게 불법일세
우리 모두 관음보살 지장보살 생활 속에 모시면서
틈틈으로 회광반조 사색으로 참나 깨쳐
화장세계 장엄하고 얼쉬얼쉬 어울리며
영원토록 웃고 사세

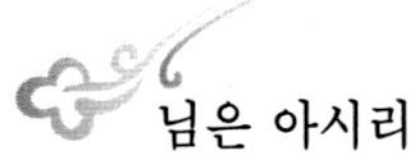

님은 아시리

1 부

1.
사계절의 풍광인들 위로되겠니
서사시의 음률인들 쉬어지겠니
뜻과 같이 되지 않아 기도에 젖은
이 마음 님은 아시리
한 세상 열정 쏟아 닦는 수행길
불보살님 출현하셔 베푼 자비에
모든 망상 모든 번뇌 없었으면 좋으련만
마음대로 안 되는 게 수행이더라, 수행이더라

2.
사계절의 풍광인들 위로되겠니
서사시의 음률인들 쉬어지겠니
뜻과 같이 되지 않아 기도에 젖은
이 마음 님은 아시리
청춘의 모든 욕망 사뤄버리고
회광반조 촌각 아낀 열정 쏟아서
이룬 선정 그 효력이 있었으면 좋으련만
마음대로 안 되는 게 보림이더라, 보림이더라

3.
사계절의 풍광인들 위로되겠니
서사시의 음률인들 쉬어지겠니
뜻과 같이 되지 않아 기도에 젖은
이 마음 님은 아시리
억겁의 모든 습성 꺾어보려고
갖은 노력 갖은 인내 온통 쏟아서
세월 잊은 보림 성취 있었으면 좋으련만
마음대로 안 되는 게 성불이더라, 성불이더라

2 부

1.
사계절의 풍광인들 비유되겠니
가릉빈가 음률인들 비교되겠니
뜻과 같이 자유자재 베풀어놓고
한없이 즐기시련만
그러한 대자유의 삶을 접고서
중생들을 구제하려 삼도에 출현
갖은 역경 어려움을 감내하는 자비로써
깨워주는 그 진리에 눈을 뜨거라, 눈을 뜨거라

2.
사계절의 풍광인들 비유되겠니
가릉빈가 음률인들 비교되겠니
뜻과 같이 자유자재 베풀어놓고
한없이 즐기시련만
억겁을 다하여도 끝이 없을 걸
알면서도 해내겠다 나선 님의 길
가시밭길 험난해도 일관하신 그 자비에
구류중생 깨달아서 정토 이루리, 정토 이루리

3.
사계절의 풍광인들 비유되겠니
가릉빈가 음률인들 비교되겠니
뜻과 같이 자유자재 베풀어놓고
한없이 즐기시련만
낙원의 모든 즐김 떨쳐버리고
삼악도를 낙원으로 이뤄놓겠다
촌각 아낀 그 열정에 모두 모두 감화되어
이 땅 위에 님의 소원 이뤄지리라, 이뤄지리라

선 승

토함산 소나무 위에
달빛도 조는데
단잠을 잊은 채
장승처럼 앉아있는
깊은 밤 선승의
그윽한 눈빛
고요마저 서지
못한 선정이라
대천도 흔적 없고
허공계도 머물 수 없는
수정 같은 광명이여,
화엄의 세계로세

우리 모두

우리 모두 만난 인생 즐겁게 살자
부딪치는 세상만사 웃으며 하자
인연으로 어우러진 세상사이니
풀어가는 삶이어야 하지 않겠니

몸종 노릇 하는 사이 맘 챙겨 살자
맑고 맑은 가을 허공 그렇게 비워
명상으로 정신세계 사무쳐보자
언젠가는 깨쳐 웃는 그날이 오리

한산 습득 껄껄 웃는 그러한 웃음
웃어가며 모든 일을 대하는 날로
활짝 펼쳐 어우러진 그러한 삶을
우리 모두 발원하며 즐겁게 살자

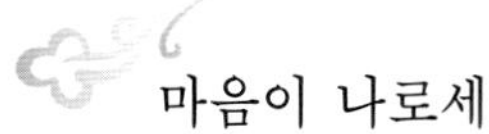

마음이 나로세

본래 마음이 나이건만
몸이 내가 된 삶이 되어
갖은 고통이 따랐다네
이리 쉽고도 쉬운 일을
어찌 등 돌린 삶으로서
고통 속에서 헤매는고

맘이 내가 된 삶으로서
갖은 고통이 없는 삶을
우리 누리고 살아보세
마음 수행을 모두 하여
나고 죽음이 없음으로
태평 세월을 누려보세

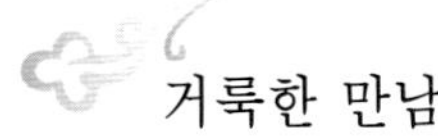

거룩한 만남

불법을 만난 건 행운 중 행운이고 내 생의 정점일세
거룩한 이 법을 만나는 사람이면 서로가 권하고 권을 하여
함께 하는 일상의 수행이 되어서 다 같이 누리는 낙원 이뤄
고통과 생사는 오간 데 없고 웃음과 평온만 넘치고 넘쳐
길이길이 끝이 없는 복락 누리세

여래의 큰 은혜 순간인들 잊으랴 수행해 크게 깨쳐
구제를 다함만 큰 은혜 갚음이니 노력과 실천 다해
우리 모두 씩씩한 낙원의 역군이 되어 봉화적인 이생의 삶으로써
최선을 다하여 부끄럼 없는 대장부로, 은혜 갚는 장부로
길이길이 끝이 없는 복락 누리세

사람다운 삶

1.
사람이 사람다운 사람이 되려면
명상으로 비우고 비워서
고요의 극치에 이르러
자신을 발견한 슬기로써
마음을 다스리는 연마 후에
그 능력으로 모두가 살아가야
평화로운 세상이 활짝 열려
모두 함께 누릴 걸세

2.
서로가 다툼 없이 서로를 아껴서
마음으로 베풀고 베푸는
사회로 이루어 간다면
낙원이 멀리만 있는 것이 아니라
살고 있는 이대로가 낙원이란 걸
모두가 실감하는
우리들의 세상이 활짝 열려
모두 함께 누릴 걸세

사는 목적

우리 모두 행복을 찾아 영원을 찾아
내면 향해 비춰보는 명상으로
앉으나 서나 일을 하나 최선을 다하세
하루의 해가 서산을 붉게 물들이고
합장 기도하여 또 다짐과 맹서의 말
뜻 이루어 이 세상의 빛이 돼서
구류를 생사 고해에서 구제하는 사람으로
영원히 영원히 살 것입니다

즐거운 마음

1.
우리 모두 선택받은 제자 되어
즐거운 맘 하나 되어 축하합니다
그 무엇을 이룬들 이리 좋으며
황금보석 선물인들 이만하리까
부처님의 가르침만 따르오리다
실천하리라 실천하리라

2.
부처님의 뒤 이을 걸 맹세하며
다짐으로 즐기는 맘 가득합니다
당당하게 행보하는 구세의 역군
혼신 다해 낙원 이룬 이 세계에서
함께 사는 즐거움을 생각하며
노래합니다 노래합니다

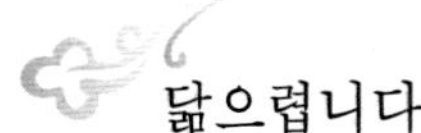

닮으렵니다

관세음보살 관세음보살
지극한 마음으로 닮으려고
오늘도 노력하며 주어진 일을 하면
하루가 훌쩍 가는 줄도 모른다오
관세음 관세음보살
님께서 베푸는 그 넓은 사랑을
이 맘 속에 기르고 길러서
실천하는 그런 장부 되어서
큰 은혜 갚을 겁니다

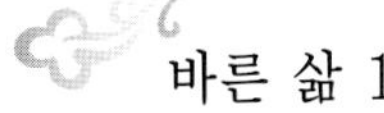

바른 삶 1

우리 삶을 두고서 허무하다 누가 말했나
본래 마음이 나 아닌가
그 마음 나를 삼아 살면 되지
지금도 늦지 않네 우리 모두
오늘부터 모두들 마음으로 나를 삼아
길이길이 웃고들 사세

바른 삶 2

1.
어디어디 어디라 해도
마음 찾아 바로만 살면
그곳 바로 극락이라네
세상분들 귀담아듣고
사람 몸을 가졌을 때에
모든 고비 극복해내서
참선으로 참나를 깨쳐
걸림 없는 해탈의 세상
누려보세 누려들 보세

2.
어두운 곳 태양이 뜨듯
중생계에 불타 출현해
바른 삶으로 인도하셔
복된 날을 기약케 하니
아니아니 좋고 좋은가
이 몸 주인 통쾌히 깨쳐
억겁 업을 말끔히 씻고
걸림 없는 해탈의 세상
누려보세 누려들 보세

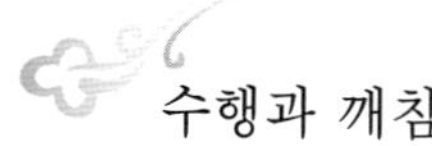

수행과 깨침

1.
그릴 수도 없는 마음, 만질 수도 없는 마음
찾으려는 수행이라 모든 것을 다 버리고
모든 생각 비우기를 몇천 번이었던가
머리 터져 피 흘려도 멈출 수가 없는 공부
이 공부가 아니던가

2.
놓지 못해 우두커니 장승처럼 뭐꼬 하고 앉았는데
앞뒤 없어 몸마저도 공해버린 여기에서 이러-한 채
시간 간 줄 모른 채로 눈을 감고 얼마간을 지나던 중
한 때 홀연 큰 웃음에 화장계일세

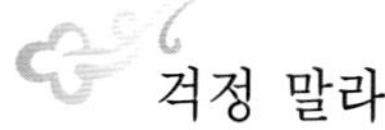

걱정 말라

1.
걱정 말라 걱정을 말라 불보살님 말씀대로만 행한다면
안 풀리는 일 없다 하지 않았던가
육근으로 보시를 하며 웃고 살자 웃고들 살자
백년 미만 우리네 인생, 세상 만사 마음먹기 달렸다고
일러주시지 않았던가 걱정을 말라

2.
이리 봐도 저리를 봐도 모두모두 내 살림일세
간섭할 수 없는 내 살림 아니아니 그러한가
이리 펼치고 저리 펼쳐 육문으로 지은 복덕
베푸는 맛이 아니 좋은가 우리 사는 지구인 별 함께 가꿔
낙원으로 만들어서 살아들 보세

정한 일일세

우리네 삶이란 것
풀끝 이슬 아니던가
서로서로 위로하고 아끼면서
우리 모두 착한 삶이
이어져 가노라면
언젠가는 행복한
그날이 우리에게
찾아오는 것 정한 일일세
찾아오는 것 정한 일일세

여기가 낙원

참나 찾아 영원을 향해
한눈 안 팔고 노력하고
가정 위해 사회를 위해
뛰고 뛰고 혼신을 다한
나의 노력 결실이 되어
일상에서 누리는 나날
선 자리가 낙원이 되니
초목들도 어깨 춤추고
산새들도 축하를 하네

따르렵니다

1.
우리 모두 합장 공경 하옵니다
크고 작은 근심 걱정 씻어주려
우릴 찾아 오셨으니 감사합니다 고맙습니다

2.
우리 모두 손에 손을 맞잡고서
즐거웁게 노래하고 춤을 추며
우리에게 오신 님을 경하합니다 축하합니다

3.
우리들의 깊은 잠을 깨워주셔
영생불멸 낙원의 삶 누리게끔
해주시려 오신 님을 공경합니다 따르렵니다

옛 고향

고향 옛 고향이 그리워 거니는 산책에
고요한 달빛 휘영청 밝고 밤새는
그 무슨 생각에 저리 부르는 노래인데
숲 타고 온 석종소리에 열리는 옛 내 고향
그리도 캄캄하던 생각들은 흔적도 없고
고요한 마음 옛 고향 털끝만큼도
가리운 것이란 없었는데
어찌해 그 무엇에 어두웠던고 고향길 옛 내 고향
나는 따르리라 끝없는 일이라 하여도
님 하신 구제 고난과 역경
그 어떤 어려움 닥쳐도
님 하시는 일이라면 멈추는 일 없을 것일세
이것만이 보은이라네 보은이라네

지장보살

지장보살 두 눈의 흐르는 눈물
마르실 날 언제일까 생각하고 또 생각해도
이 세상의 사람들이 멀어지게만 하고 있네요
보살님 어찌해야 하오리까
반야의 실천으로 최선 다해 돕는다면
안 되는 일 있으리까
대원본존 지장보살 나무 지장보살
얼씨구나 절씨구나 한 판 놀음 덩실덩실 살아들 보세

곰탱이

곰탱이 곰탱이 미련 곰탱이
세상 사람 요구 따라 다 들어준
사람더러 곰탱이라네
요구 따라 따지지 않고
들어주기 바쁜 이를 놀려대며 하는 말
곰탱이 곰탱이 미련 곰탱아
그리 살다간 끝내는 빌어먹을 쪽박마저
없겠구나 미련 곰탱아
그래도 덩실덩실 추는 춤을
보며 깔깔 웃는 사람들아
웃는 자신 모르니 서글퍼 내 하는 말
한 판의 꿈속이라 천금만금 쓸데없네
깔깔 웃는 그 실체를 자신 삼아 사는 삶이 되길
바라고 바라는 곰탱이 춤이로세

나는 바보

나는 바보다 나는 바보야
역지사지 알다보니 바보가 되었네
그렇지만 내 주위는 언제나 웃음이 있고
나눔이 있어 행복하다네
나는 나는 그런 바보야
나는 나는 그런 바보야

즐겁게 살자

나를 찾아 행복을 찾아
내면 향한 명상으로 비춰보며
오늘도 최선을 다한 하루해가 져가네
노을빛 곱게 물이 들고 내 꿈도 이뤄져간다
생각만 하여도 보람찬 미소를 짓는다
세상만사 별것이더냐
서로서로 도와가며 살면서
틈틈이 내면 향한 명상으로
몸 건강 마음 건강 챙기며 사노라면
참나 깨친 박장대소도 짓고
세상 고별 마음대로 하는 날도 있을 걸세
그런 날을 기대하며 일하고 명상하며
하루하루 즐겁게 살자

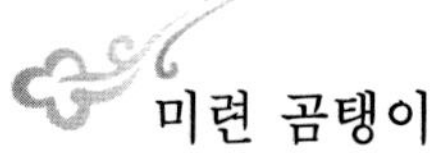

미련 곰탱이

나는 나를 모르는 곰탱이 곰탱이 미련 곰탱이
나라는 나를 보고 듣는 그거라고 보여주듯 일러줌에
동문서답 일관하는 곰탱이 곰탱이 미련 곰탱이
그러므로 성현들의 천하태평 무릉도원 못 누리고
고생고생 살아가는 곰탱이 곰탱이 미련 곰탱이
그런 삶을 면하려면 나라는 나를 깨달아라
자상하게 이끈 말씀 이행 못한 곰탱이 곰탱이 미련 곰탱이
귀천 없이 이끌어서 선 자리가 안양낙원 되게 하신
말씀을 이행 못한 곰탱이 곰탱이 미련 곰탱이
궁전 낙을 저버리시고 고행 수도 다하셔서
나란 나를 깨침으로 영생의 낙원으로 이끄셨네
이 기회를 놓친다면 다시 만나기 어려웁고 어려우니
칠야삼경 봉화 같은 그 지혜의 광명 받아
각자 것이 되게 하란 그 말씀을
실행 못한 곰탱이 곰탱이 미련 곰탱이
그 지혜의 이끔 받아 각자 경지 이러-히 되는 날엔
백사 만사 무엇이든 뜻대로 이뤄진다 권한 말씀
실행 못한 곰탱이 곰탱이 미련 곰탱이
눈앞의 그 작은 것 쫓다가 영원한 삶의 낙 놓치지 않으려면
나란 나를 꼭 깨달으란 귀한 말씀
실행 못한 곰탱이 곰탱이 미련 곰탱이
금구 성언 귀담아듣지 않고 흘려듣다간
백 년도 못 채운 후회막심 삶 되리니
새겨듣고 새겨들어 실천하란 그 말씀
실행 못한 곰탱이 곰탱이 미련 곰탱이
실천하여 깨닫고 박장대소 하는 날엔
삼세 성현 모두모두와 곰탱이 곰탱이가
누리 안은 광명 놓네 누리 안은 광명 놓아 삼창을 할 거라네

부처님의 말씀

부처님 말씀은 하나하나 자비더라
그러기에 불자들은 온화하고 선하더라
부처님 가르치는 이치는 흐르는 물이고
서늘한 산바람이며 봄꽃 향기요
심금을 울리는 연주요 노래요
포근한 어머니의 사랑이더라
바다처럼 넓고 넓은 자비의 품이더라
포근하고 온화한 그 가르침 하나하나
이치에 어긋남이 없으신 진실이더라
모두모두 다 함께 우리 모두 닮자구요
모두모두 다 함께 우리 모두 닮자구요
모두모두 다 함께 우리 모두 닮자구요
어쩌다 어쩌다 이런 가르침을 만났는지
이 다행 이 요행 헛되이 하지 않아
이 생에 깨달아서 이 크고 큰 은혜
갚는 일에 소홀하지 않으리라
감사합니다 감사합니다 우리 부처님
당신의 후예들마저도 유일하게
전쟁 같은 일들은 일으키지 않습니다
사랑하라 하면서 용서하라 하면서
사람이 사람을 죽이는 일
파리 목숨 취급하듯 하는 일이
있어서야 되겠습니까
혹시라도 이런 일이 종교에 있어서는
절대로 안 되는 일이라 믿습니다
관세음보살 나무아미타불
우리 모두 서로가 서로를 아끼고
사랑합시다 사랑합시다 사랑합시다

행복이란

즐거웁게 즐겁게
살아가면 좋잖아
한 번뿐인 인생인데
모두 활짝 웃어요
신이 나게 웃어요
행복이란 돈과 직위에
있는 것 아니라네
행복이란 그 어떤 마음으로
사느냐에 있다네
다 같이 다 같이 웃어들 봐요
그 웃음 타고 행복이 오네
짧은 인생살이 이렇게
만들어가며 살아들 보세

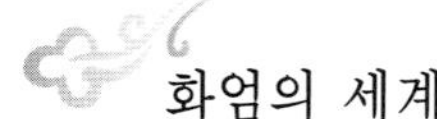

화엄의 세계

1.
각자 마음 깨닫고 봐요
누리 그 모두가 장엄이네 장엄, 빛의 장엄
어느 하나 마음의 장엄 아닌 게 없네, 없어
다함 없고 끝이 없는 보고 듣는 마음 하나 바로 쓰면
이대로가 무릉도원 화엄의 세계로세

2.
보고 듣고 느끼고 생각하는
그 모든 것 장엄이네 장엄, 빛의 장엄
어느 하나 빛의 장엄 아닌 게 없네, 없어
다함 없고 끝이 없는 보고 듣는 마음 하나 바로 쓰면
이대로가 화장세계 장엄의 세계로세

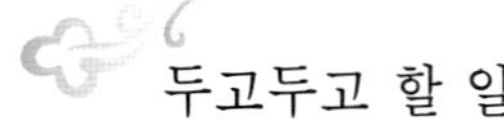

두고두고 할 일

아미타불 사유를 깊이깊이 하여서
하늘땅 생긴 이래 오늘에 이르도록
크나큰 은산철벽 너머 일처럼
까마득히 모르던 나를 깨달았으나
모양 빛깔 없어서 쥐어줄 수도
보여줄 수도 없는 일이라서
입은 옷 뒤집어 보이듯 못하니 한이구나
그러나 보고 듣고 하는 바로 그것이니
마음눈을 활짝 열어 듣는 그곳 향해 살펴봐요, 살펴봐
하늘땅이 간 곳 없고 자신까지 사라진 데서
듣고 아는 그것 내가 아니던가
깊이깊이 참구해서 참나 찾아 결정신을 내리게나
다생겁의 윤회 중에 몸종 노릇 허사란 걸 경험하지 않았던가
그 깨달음에 비추어 세상 일에 응해가며
보림수행하는 일에 방심하지 않아서
구경각을 성취 후에 모든 류를 구제해서
큰 불은 갚음만이 두고두고 할 일일세, 두고두고 할 일일세

서로서로 나누면서

버들 푸르고 꽃 만발하고 나비 춤이더니
녹음이 우거지고 매미들의 노래 가득한 천지
울긋불긋 고운 단풍 어제인 듯한데 눈이 오네
우리 모두의 삶 저러하고 저렇지 않던가
보기도 아까웁고 소중한 형제 자매들이니
서로서로 나누면서 짧은 우리네 삶을 즐김으로 살아가세

좀도 좋다

듣는 나를 알지 못해 생활하는 그 가운데
알고파서 명상한데 어허 참말 이럴수가
창피하고 창피하다 창피하고 창피해

듣는 그 곳 살펴보면 허공처럼 텅텅비어
어찌해야 옳을지를 어허 참말 이럴수가
창피하고 창피하다 창피하고 창피해

허공처럼 비었으나 그게 듣고 대답하니
그게 바로 내 아닐까 어허 참말 이럴수가
창피하고 창피하다 창피하고 창피해

그러다가 깨달으니 나고 죽음 본래없는
온통 온통 나로구나 얼씨구야 절씨구야
좀도 좋고 좀도 좋다 좀도 좋고 좀도 좋아

맘이 나 된 삶을 사니 낙원 따로 없는 것을
멍청하게 살았구려 얼씨구야 저절씨구
좀도 좋고 좀도 좋다 좀도 좋고 좀도 좋아

꿈의 세계 창조했던 그 능력은 오직 하나
맘이 나된 때문일세 얼씨구야 저절씨구
좀도 좋고 좀도 좋다 좀도 좋고 좀도 좋아

이 마음이 내가 되니 천리 만리 시차없고
아니된 일 전혀 없네 얼씨구야 저절씨구
좀도 좋고 좀도 좋다 좀도 좋고 좀도 좋아

낙원의 삶 이 아닌가 영원의 삶 이 아닌가
맘이 나 된 삶을 사세 얼씨구야 저절씨구
좀도 좋고 좀도 좋다 좀도 좋고 좀도 좋아

그 말씀

1.
님들의 고구정녕 그 말씀 맘에 새기세
그러면 오는 날엔 행복을 누리며
이웃들을 도우며 살리
개미처럼 개미처럼 개미처럼
개미처럼 개미처럼 개미처럼
개미처럼 개미처럼 개미처럼
이것저것 논하려 하지 말고 서로가
서로를 도와 세상을 이끄는 데 노력하면
이 세상의 그 어떠한 일일지라도
못 이룰 일 없을 것일세
꿀벌처럼 꿀벌처럼 꿀벌처럼
꿀벌처럼 꿀벌처럼 꿀벌처럼
꿀벌처럼 꿀벌처럼 꿀벌처럼

2.
님들의 가르침을 실행한 덕으로써
마음에 갖추어진 갖가지 능력을
부려 써서 누리는 삶을
개미처럼 개미처럼 개미처럼
꿀벌처럼 꿀벌처럼 꿀벌처럼
더불어 함께하면 별유천지 눈앞에 일이로세
이 모든 것이 참고 참아 극복해 이겨냈던
그 공덕의 결실이로세 그 공덕의 결실이로세
구름위의 백학처럼 구름위의 백학처럼 구름위의 백학처럼
함께누려 살아가세 함께누려 살아가세 함께누려 살아가세

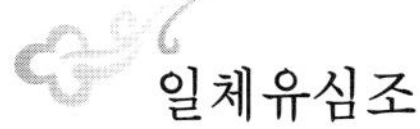

일체유심조

듣는 나를 내가 보니 바탕 없는 그 몸에
갖은 묘용 지녀 있어 오고 감은 물론이요
일체 모두 지어내고 그걸 또한 응용하여
자유자재 그 능력 못하는 것 하나 없네
온 누리에 펼쳐놓고 어울려 누려사세
이리 좋은 자기능력 전혀 몰라 헤매이는
세상 사람 갖은 고통 몸종 노릇 결과이니
마음 나된 삶으로써 억겁 굴레 벗어나서
맘이 지닌 능력회복 한시 빨리 이루어서
영원한 본래 삶을 같이 누려 살아 가세
(아리랑후렴)

함께 이뤄 누립시다 함께 이뤄 누립시다
어화둥둥 좋고 좋아 얼씨구나 좋고 좋다
이 마음이 내가 된 삶 이렇게도 상상밖에
달라질 수 있을까 너무나도 달라져서
내자신이 놀라웁고 놀라워서 뭐라못해
조용하고 차분함 속 이 즐거움 말로 못해
온 누리를 선 자리서 볼 수 있는 능력이여
과거일을 알 수 있고 미래일을 예감하는
지혜능력 갖춰있어 실수란 것 없는 삶
꿈 세계도 창조하는 모두 지닌 능력이니
뜻 있으면 가능하니 이 아니 전능한가
(아리랑 후렴)

전능으로 베풀어서 모두 함께 즐겨가며
후세들을 깨우는 낙 함께 하는 삶이니
이 아니들 좀도 좋고 얼씨구나 좋고 좋다
이 능력과 이 힘이면 온 세상을 바꿔 놓는
그 어떠한 일이라도 어려울게 뭐 있으리
뜻 있으면 길이 있고 길 있으면 하면 되는
이리 좋은 그 방법이 맘이 나된 그거로세
이리 좋은 길을 두고 안할 사람 뉘 있으리
이 일만이 길이길이 행복누릴 길이로세
넓고 넓은 누리 정원 펼쳐 놓고 모두 함께
손에 손을 서로잡고 함께 누린 삶으로써
일상이 된 이런 삶이 맘이 나 된 결과로세
이런 일을 아니하고 그 무엇을 할것인가
모두 모두 맘이 나된 그 일 실천 꼭 하여서
태평세월 함께 누린 그런 삶을 누려보세
얼씨구나 좀도 좋고 절씨구나 좋고 좋다
(아리랑 후렴)

내 마음 내가 된 삶

1.
내 마음 내가 된 삶 모두들 살아봐요
신기하고 신기하다 신기하고 신기해(2번 반복)

내 마음 내가 되니 영원한 삶이로세
신기하고 신기하다 신기하고 신기해(2번 반복)

내 마음 내가 되니 안되는 일 없구나
신기하고 신기하다 신기하고 신기해(2번 반복)

아리랑 아리랑 아라리요 아리랑 고개로 넘어간다

2.
꿈 세계도 창조한데 무엇인들 안될건가
신기하고 신기하다 신기하고 신기해(2번 반복)

원근거리 상관없이 동시에 이르르니
신기하고 신기하다 신기하고 신기해(2번 반복)

산하석벽 걸림 없이 자유로이 오고가니
신기하고 신기하다 신기하고 신기해(2번 반복)

아리랑 아리랑 아라리요 아리랑 고개로 넘어간다

3.
상대방의 마음도 읽어낼 수 있으니
신기하고 신기하다 신기하고 신기해(2번 반복)

과거 현재 미래 일을 앎 일처럼 아는 능력
신기하고 신기하다 신기하고 신기해(2번 반복)

내 마음 내가 되면 이런 자유 누려사니
신기하고 신기하다 신기하고 신기해(2번 반복)

아리랑 아리랑 아라리요 아리랑 고개로 넘어간다

4.
온 누리의 모든 사람 이 행복을 누립시다
신기하고 신기하다 신기하고 신기해(2번 반복)

가족처럼 어우러져 모두 모두 누린 일상
신기하고 신기하다 신기하고 신기해(2번 반복)

이게 바로 낙원의 삶 누림이니 좋고 좋다
신기하고 신기하다 신기하고 신기해(2번 반복)

아리랑 아리랑 아라리요 아리랑 고개로 넘어간다

웃고 살자

1.
아하하하 우습다 아하하하 우스워 아하하하 우습다
제 그림자 모르고 저라 하는 사람 보고 아니 웃고 울랴
아하하하 우습다 아하하하 우스워 아하하하 우습다
여섯 도적 종노릇에 헌신하는 사람 보고 아니 웃고 울랴
아하하하 우습다 아하하하 우스워
저승세계 코앞인데 대비 없는 사람 보고 아니 웃고 울랴
아하하하 우습다 아하하하 우스워 아하하하 우습다
참나 찾지 아니하고 허송하는 사람 보고 아니 웃고 울랴
아하하하 우습다 아하하하 우스워 아하하하 우습다
아리랑 아리랑 아라리요
아리랑 고개를 넘어간다
나를 버리고 가시는 님은
십 리도 못 가서 되돌아온다

2.
좋은 인연 있었던가 거룩한 이 만나서 참나 찾은 이 행운이
즐겁고도 즐겁다 즐겁고도 즐거워 아하하하 즐겁다
이 행운을 나 혼자서 누리기에 아쉬워 인도하려 나섰는데
아라리요 아리랑 아라리가 났네
영원한 나 찾음으로 한순간에 성취한 낙원의 삶 권하나니
아하하하 우습다 아하하하 우스워 아하하하 우습다
즐겁고도 즐겁다 즐겁고도 즐거워 아하하하 즐겁다
우리 모두 다 함께 얼싸안고 누리는 그런 세상 노력하세
아리랑 아리랑 아라리요
아리랑 고개를 넘어간다
나를 버리고 가시는 님은
이내 가슴엔 희망도 많다

청천 하늘엔 잔별도 많고
이내 가슴엔 희망도 많다

사람 사는 이치

이 세상 사람들 사는 것
농부들 농사를 짓는 것과
조금도 다를 바 없는 이치이니
여러분 귀 기울여 들어보시오
얼씨구나 좋네 지화자 좋네 아니아니 그러한가

봄이 되면 깊이깊이 간직해 둔 씨곡식을
꺼내다 땅을 파고 다듬어서 골을 파고 뿌린 후에
오뉴월 찜더위에 구슬땀을 흘리면서
김을 매어 가꾸는 것은 엄동설한 추운 날에
사랑하는 부모님과 아내 자식들 모두
잘 지내게 하려는 깊은 뜻에서라네
얼씨구나 좋네 지화자 좋네 아니아니 그러한가

어떤 이가 말을 하기를 늘 현재만을 즐겁게 살자
강변함을 보았는데 좋은 말이기는 하지만
그 말은 자칫하면 희망이 없는 잘못된 말이라네
그러므로 내일을 위하여 오늘의 어려움을 즐기면서
밝게밝게 살아갑시다
얼씨구나 좋네 지화자 좋네 아니아니 그러한가

불법 공부

1.
이 세상 사는 분들께 권하오니 나를 찾는
이뭐꼬 화두 공부를 곰곰이 챙기고 챙겨
쉬지 않고 하다보면 하늘땅도 흔적 없이
사라지고 몸 없는 내가 환한 웃음 짓는 날이
있을테니 결정신을 내리어서 우리 함께
길이길이 누립시다

2.
불법 만난 이 다행을 그 무엇과 비교하랴
이 다행을 만났을 때 최선 다한 실행으로
금생에서 크게 깨쳐 불보살님 칭찬 받는
오후보림 필히 마쳐 중생 다한 그때까지
님의 은혜 갚을 것을 굳은 의지 맹서로써
다짐하고 다짐하세

3.
때가 없고 장소 없이 뜻을 따라 이뤄지는
이리 좋은 세상살이 본래부터 갖춰짐을
누리는 삶 우리 모두 일심동체 그리 되어
이 생 저 생 할 것 없이 얼씨구나 절씨구나
노래하고 춤도 추며 천생만생 누립시다
길이길이 누립시다

좋구나

좋구나
이곳이 어때서
낙원에 장소가 있나요

마음이 착하면
선 곳이 무릉도원
이런 삶이 참 삶이라네

미소를 지으며
손에 손을 잡고서
태평가를 모두들 불러요

우리들 이렇게
서로 만나 사는 것
백겁천생 인연이라네

세월아 맞춰라
내 즐기고 즐기며
함께하는 이들에게 위로를 하려네

불법

불법은 내게 있어 첫째도 둘째에도
내 삶의 이유이고 내 삶의 온통이며
마음의 광채이고 마음의 자비이며
자비의 실천이고 자비의 일상이며
희망의 꽃밭이고 희망의 피안이며
서원의 동력이고 서원의 자산이며
모두의 태평이고 모두의 영원일세

영원한 행복 찾기

1.
사람 사람마다
지닌 그 마음이
내가 된 삶으로
살아 가노라면
자연 알게 되네

둥글고 둥글게
모남없이 살자(3번 반복)

마음 먹은대로
하고 싶은대로
척척 이뤄지고
꿈을 창조하던
능력 부린 날도
멀지 않으리니

둥글고 둥글게
모남없이 살자(3번 반복)

노력 실천 다해
영원한 삶으로
영원한 행복을
함께 누려보세
함께 누려보세

둥글고 둥글게
모남없이 살자(3번 반복)

2.
사람 사람마다
맘을 깨달아서
맘이 내가 되면
평등 그 자체라
자연인이 되어

둥글고 둥글게
모남없이 살자(3번 반복)

서로 어울려서
나눈 인간미들
행복 그 자체며
오간 말들마다
온화한 그 체취

둥글고 둥글게
모남없이 살자(3번 반복)

차별없는 베품
풍족한 맘이고
가족같은 일상
낙원의 이 삶을
함께 누려보세
함께 누려보세

둥글고 둥글게
모남없이 살자(3번 반복)

치유의 노래

1.
이 세상에 사는이여 맘이 나된
명상 한 번 해보기를 권하노니 생활하는
틈틈으로 실행하다 보노라면 산란한 맘 사라지고
대상없는 미소 속에 우울증과 신경성은 흔적없이 사라지니
내 내면의 무릉도원 누려 살게 될 것일세

2.
요즈음의 우울증과 신경성에 시달리는 모든 분들
사방에서 들려오는 모든 소릴 듣는 그 곳 비춰봐요
쉬운 일은 아니지만 포기 않고 실행하면 밖이 없는
고요롬의 그 세계서 체험하는 신천지의 행복누림
모두 함께 가져봐요

국민성

고마우신 우리국민
코로나를 이겨낸 지혜로써
그 어떤 그 어떤 어려움도
서로 돕는 격려와 인내 다해
이겨 낼거다 이겨 낼거다

조상에서 조상으로
이어져온 국민의 지혜로써
그 어떤 그 어떤 어려움도
힘을 모아 해내는 인내 다해
이겨 낼거다 이겨 낼거다

내 말 좀 들어봐요

모두모두 내 말 좀 들어봐요
이 몸이 내가 아니라 이 마음이 나 아닌가
살아가는 생활 속에 명상을 하여
이 맘 찾아 나를 삼아 살아들 봐요
모든 속박 모든 괴롬 벗어나는 아주 좋은 일이니
이제라도 안 늦으니 명상으로 뜻 이루어
영원한 생명, 영원한 행복 우리 모두 누려들 보세

사막화를 막고 사막 경영 시대를 열자
사막화로 급속히 변해가는 이 지구를
방치해선 아니 되네 방치하면
지구가 생긴 이래 최악의 상태 됨은
불을 보듯 뻔한 일일세, 하지만

육십 억의 온 인류가 한 마음 한 뜻 되어
황무지는 돌나물로 푸른 초원 만들고
확장되는 사막화를 배수관의 바닷물로 막는다면
지구가 생긴 이래 가장 살기 좋은 시대를
인류는 맞을 걸세

아리랑 아리랑 아라리요
아리랑 고개를 넘어간다
청천 하늘엔 잔별도 많고
이내 가슴엔 희망도 많다

효

1.
아들 딸이 귀엽고 사랑스런 그 속에 우리들의 부모님
어려움에도 끝내 가르치고 기른 정 이제 읽으며
늦은 눈물로써 불초를 뉘우치며 맹세하고 다짐하는
아들 딸이 여기 있으니, 건강히 오래만 사시기를
손 모아 손을 모아 간절하게 바라고 또 바라는
기도를 하옵니다 부모님 입이 귀에 걸리시게 할 겁니다

2.
어렵고도 어려운 보릿고개 그 속에 우리들을 먹이고
가르치느라 정말 그 얼마나 고생이 되셨습니까
허리 두 끈으로 졸라맨 아픔으로 사셨죠
정말정말 오래도록 건강하게만 계셔주신다면
아들 딸을 낳으시고 길러주신 그 노고에 크게 보답할 겁니다
아버님 어머님의 입이 귀에 걸리시게 할 겁니다

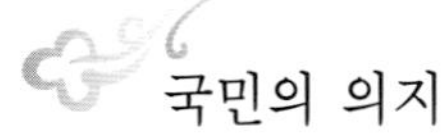

국민의 의지

뚫어라 뚫어 뚫어라 뚫어
그 어떤 난관의 벽이라도
뚫어라 뚫어 뚫어라 뚫어
그 어떤 문제의 벽이라도
뚫어라 뚫어 뚫어라 뚫어
나에겐 의지의 힘이 있다
뚫어라 뚫어 뚫어라 뚫어
중도의 하차는 없다 없어
뚫어라 뚫어 뚫어라 뚫어
성공이 존재할 뿐이로세
모두다 이루어 낼 것일세

사막은 지구의 심장

21세기는 사막 경영 시대를 열어
연구에 노력을 다한다면
지상 낙원이 인류에게 달려와서 맞을 걸세

육십 억의 온 인류가 손에 손잡고 한 뜻 되어
사랑하는 마음으로 역경을 헤쳐 나가
사막화를 막고 황무지를 초원으로
살기 좋은 지구촌을 이뤄보세
살기 좋은 지구촌을 이뤄보세

아리랑 아리랑 아라리요
아리랑 고개를 넘어간다
청천 하늘엔 잔별도 많고
이내 가슴엔 희망도 많다

하나 되면 다 이룬다

1.
살자 살자 우리 함께 살자 살자 우리 뭉쳐
뭉친 힘이 발휘하면 못할 일이 없는거다
그 결과로 꽃이 피면 막힌 것은 없어지고
서로 나눈 나라되어 지상낙원 되는걸세

2.
살자 살자 세계 향해 살자 살자 인류위해
모두 함께 크게 뭉쳐 하나 되는 지구촌을
우리 함께 이루어서 다툼없는 삶으로써
얼싸 안고 함께 누린 지상 낙원 이뤄내세

잘 사는 비결

참지 못한 결과는 어려움이 닥치고
참고 참는 결과는 좋은 일이 온다네
친구들아 모든 일 힘을 합쳐 맞으면
못 이룰 일 없지만
니 떡 너 먹고 내 떡 나 먹는 그럼 마음 쓴다면
될 일도 아니 된다네
우리 서로 뜻을 합쳐 모두모두 잘 살아보세
이미 이룬 과학문명 선용을 해서 용맹심을 내어
모든 일에 임한다면 행복이 줄을 서서 올 걸세
아리랑 아리랑 아라리요 아리랑 고개를 넘어간다
청천 하늘엔 잔별도 많고 이내 가슴엔 희망도 많다

용서한 결과로는 웃는 날을 맞이하고
베푼 뒤엔 참 좋은 이웃들이 생기네
친구들아 서로들 힘을 합쳐 임하면
못할 일이 없지만
니 떡 너 먹고 내 떡 나 먹는 그런 마음 쓴다면
될 일도 아니 된다네
오늘부터 뜻을 합쳐 우리 한번 잘 살아보세
이미 이룬 과학문명 선용을 해서 용맹심을 내어
모든 일에 임한다면 행복이 줄을 서서 올 걸세
아리랑 아리랑 아라리요 아리랑 고개를 넘어간다
청천 하늘엔 잔별도 많고 이내 가슴엔 희망도 많다

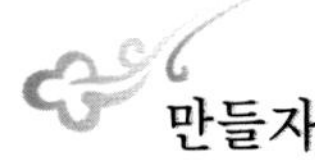

만들자

1.
빌딩숲의 실외기 열 오고가는 차 배기가스
사람소리 기계소리를 원림 속의 새소리와
개울소리 미풍소리 그것으로 만들자 만들자 만들자

2.
이익 따져 주고받는 설왕설래 어지러움
높고 낮은 금속음들을 매미소리 물소리와
노래하는 환경으로 우리 함께 만들자 만들자 만들자

3.
하늘 맑고 별이 빛난 조용하고 시상 뜨는
그런 환경 거닐면서 손에 손을 마주 잡고
노래하는 세상으로 우리 함께 만들자 만들자 만들자

서원가

1.
참나를 깨달아서 보림을 하고
다가올 내 앞날의 서원이라네
기어코 육바라밀 성취를 하여
불보살님 큰 은혜에 보답하면서
영원히 구제의 길 나는 가리라

2.
보살의 가는 길이 험난타 해도
맹세코 초지일관 서원이라네
구류를 그릇 따라 깨닫게 하여
스승님의 큰 은혜에 보답하면서
영원히 구제의 길 나는 가리라

정직하고 착한마음

1.
정직하고 착한마음 우리모두 실천하면
먼저 가정 화평하고 웃음 꽃에 향내나며
이웃간에 믿음 깊어 서로 소통 이뤄져서
나라위한 일이라면 솔선수범 모두하고
서로 믿는 사회여서 안되는 일 없을걸세
서로 믿고 웃는 사회 우리 모두 힘 모아서
낙원 나라 이뤄내어 세계 이끈 나라 되세

2.
정직하고 착한 행동 우리 모두 실천하면
믿는 마음 두터워져 서로서로 돕게 되고
그리되면 힘 모아서 일일마다 쉬 이뤄져
앞서가는 나라되고 대접받는 국민되어
곳곳에서 우러르는 그런 국민 될 것일세
서로 믿고 웃는 사회 우리 모두 힘 모아서
낙원 나라 이뤄내어 세계 이끈 나라되세

3.
이런 마음 이런 행이 우리 조상 바탕이니
우리 국민 이뤄내어 봉화적인 나라로써
지구촌을 낙원으로 이뤄내는 나라되어
가는 곳곳 우러르는 그런 국민 그런 나라
그런 조상 그런 사상 꽃 피우는 국민 되세
서로 믿고 웃는 사회 우리 모두 힘 모아서
낙원 나라 이뤄내어 세계 이끈 나라 되세

이때 우리는

1.
화산의 폭발로 해서 사람들과 모든 것이 용암펄로 화해버린
이 막막한 우리들을 올바르게 영원으로 끌어주실
성인 중의 성인이신 불보살님 나라에 가 나는 게 꿈이네

2.
태풍이 인가를 덮쳐 다정했던 이웃들은 간 곳 없고
어지러운 벌판 되어 처참하고 참담하기 그지없는 무상한
이 현실에 의지할 분, 생명 밝혀 영원케 한 부처님 뿐이네

3.
지진이 우리의 삶을 삼켜버려 초토화가 되어버린
허망하기 그지없는 우리들의 현실에선 사방천지 둘러봐도
의지해야 할 분은 자신 깨쳐 누리라 한 부처님 뿐이네

발심가

1.
우리네 한세상 보람찬 삶으로
바꾸기 위하여 닦아들 봅시다
청춘 홍안이 얼마나 길던가
꿈꾸는 사이에 백발이 된다네

2.
참나를 깨달아 보림을 하고요
자비심 발하여 구제길 나서서
중생들 세계에 고통을 없애서
극락이 되도록 최선을 다하세

3.
본연한 몸의 능력을 베풀어
극락세계 장엄을 하고요
둥실 두둥실 누리기 위하여
오늘의 어려움 극복을 해내세

4.
눈 깜박 하는 새 한세상 다 가고
부귀와 공명은 잠시의 꿈이라
이러한 되풀이 금생에 끝내어
윤회의 사슬에서 벗어나 납시다

석가모니불

1.
석가모니불, 거룩한 석가모니불
하늘 땅에 유일한 님이기에 우러러
간절하게 기도하면 내 소원 이루어지지요
탐욕을 보시로 다스려서 행하고
진심을 인욕으로 실천하면
우리 바라는 그 세상 활짝 열리네
불법의 진리 깨달으면
함없는 함으로 님의 은혜 갚으리
석가모니불 우리 부처님

2.
석가모니불, 거룩한 석가모니불
하늘 땅에 유일한 님이기에 우러러
가르침을 따른다면 언제나 행복하지요
선법을 깨달아 생활화를 함으로써
이 세상 이대로를 낙원으로
님이 바라신 그 소원 꽃을 피우리
불법의 진리 깨달으면
함없는 함으로 님의 은혜 갚으리
석가모니불 우리 부처님

우란분재일

1.
우란분재 맞이해서 대자대비 부처님을
이 자리에 청해 모셔 다생부모 왕생극락
정성 다한 맘입니다 지혜 짧아 못 미쳐서
중한 은혜 입고서도 보은보답 못하고서
이생까지 이른 것을 머리 숙여 부처님께
참회합니다 참회합니다

2.
정성 어린 마음으로 이고득락 비옵나니
세상애착 모두 끊고 부처님의 그 세상에
나시기만 원합니다 다생겁에 경험하신
부질없는 몸 종노릇 그 허망을 떨침만이
윤회고를 벗어나는 길이오니 그리되길
비옵나이다 비옵나이다

보살의 마음

1.
파도에 실려 떠가는 낙엽같이 살아가는 인생
구원코자 따라주며 같이 하는 자비인데
제 안경에 보인 대로 말들 하지만
못 들은 척 모르는 척 최선 다하리
바른 눈, 바른 맘 통쾌히 열어라
아 그날이 그날이 오기만을 기다리는 마음

2.
파도에 실려 떠가는 낙엽같이 살아가는 인생
구원코자 따라주며 같이 하는 자비인데
눈이 멀고 귀가 먹은 저들이지만
황소처럼 지장처럼 최선 다하리
지혜 눈, 지혜 맘 통쾌히 열어라
아 그날이 그날이 오기만을 기다리는 마음

반조 염불가

1.
님께서 베푸신 자비의 은혜
오늘도 감사한 맘 어찌 잊으리
가르침 따름만이 살 길이란 다짐으로
간절히 시시때때 회광반조 아미타불
백팔염주 일상화로 기어이 크게 깨쳐
크나큰 님의 은혜 갚으리라 아미타불

2.
본래에 드러난 나인 걸 몰라
낙원을 고해로서 사는 삶이니
가르침 따름만이 살 길이란 다짐으로
반조의 아미타불 나도 잊은 삼매의 앎
깨닫기에 좋은 때니 기어이 원을 이뤄
금생에 구제중생 불은 갚길 아미타불

부처님 은혜 2

낙엽이 지고 국향이 짙을 땐
부처님의 고고한 말씀 법계화되고
대승보살 나투어 그릇 따라 베푼 법문에
만난 사람 모두가 깨쳐
두타보림 수행을 하여
있는 그곳 극락이어서
걸음 걸음 상쾌한 가슴
입가에 미소 언제나 번지는
대자유 삶 누릴지어다
고맙습니다 참 고맙습니다
촌각인들 부처님 은혜
그 어찌한들 잊을 날 있으리
불은 갚는 그날까지는
서원 향해 뛸 것입니다
서원 향해 다할 것입니다

성중성인 오셨네

1.
음력사월 초파일은
온 누리의 제일이신
성중성인 부처님이
이 땅 위에 오신 날
괴로움을 낙원으로
어두움을 광명으로
바꾸려는 숙원을
시작하신 날, 너나 없이
모두 함께 경축하세
모두 함께 경축하세

2.
음력사월 초파일은
온 누리의 제일이신
성중성인 부처님이
이 땅 위에 오신 날
너를 알란 그 가르침
펼치려고 오심이니
자아완성 이룩해
우리 이 땅 이대로를
낙원으로 누려보세
낙원으로 누려보세

열반재일

1.
인연 다함 아시기에 구제방편 거두시어
열반 드신 그 자재는 그 누구가 흉내인들 내오리까
오고 감을 뜻대로 한 거룩함에
정례합니다 정례합니다

2.
대자대비 거룩하신 가르치심
이 세상에 길이길이 펼쳐져서 그 언젠가 이 고해가
낙원으로 되는 날을 믿는 마음
우러러서 정례합니다 정례합니다

성도재일

1.
찬양합니다 찬양합니다 도 이루심 찬양합니다
이 세상에 그 어떤 일인들 이보다 기쁘고 거룩한 일 있으리
그 옛날의 오늘 이룬 부처님의 광명지혜 없었다면
중생들이 생사고통 면할 길을 감히 어찌 알았으리
감사합니다 감사합니다

2.
맹세합니다 맹세합니다 부처님의 뒤를 이어서
생사고통 영원히 면하게 이끄신 봉화의 바른 불빛
지혜로 어둔 그늘 모두 밝혀 부처님의 세상으로 바꿔놓는
그 일에서 제일가는 모습 보여 부처님의 은혜 갚음
지켜보소서 지켜보소서

믿고 따르세

1.
고해 일러 낙원이라 한 불보살님
그 말씀의 진실한 경지 알려거든
보고 듣는 그곳 향해 명상하게
명상으로 분별 망상 없어지고
고요로움 극해지면 불멸의 나 깨치네

2.
참나 깨친 밝은 지혜로 선행 닦아
사상 없는 일상의 생활 이루는 날
고해 일러 낙원이란 말씀의 뜻
내 뜻 되어 큰 웃음을 껄껄 짓고
대장부로 삼계 구할 서원 세워 행하리

신명을 다하리

사바세계 사는 그게 죄를 짓는 바탕이라
크나큰 자비로써 이끄시는 가르침에
신명 다해 따름으로 두텁다는 업 녹으면
무명 깨고 자성 밝혀 큰 웃음을 지으리니
그날에 가르치신 큰 은혜를 갚으리라
어떤 고난 있다 해도 큰 의지로 극복해서
온누리를 정토의 낙원으로 이루리라

관음가

꽃을 보아도 먼 산을 보아도
그리움 그리움이 더해진
관세음 관세음은 포근한 품이랍니다
기쁠 때에도 어려울 때에도
자애로 다가오셔 힘이 되신
관세음 관세음은 포근한 품이랍니다

부처님께 바치는 마음

1.
늘 새롭게 태어남으로
누리는 삶을 깨닫게 이끌어주신 부처님
어찌 감사함으로 만족하리까
부처님처럼 관세음처럼
닦고 이루고 갖추어서
베풂으로 구제하는 맘
구류가 다한 날까지 최선 다함만이
크나큰 은혜 갚음이라
영원히 신명 다할 겁니다

2.
늘 새롭게 태어남으로
오늘도 또한 내일도 함 없는 함의 즐거움
어찌 누림으로만 만족하리까
부처님처럼 관세음처럼
그리 되도록 최선 다해
구류들을 구제해내는
대자비 무장으로써 신명 다함만이
크나큰 은혜 갚음이라
부처님 전에 합장합니다

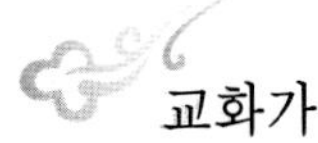

교화가

1.
주장자 떨쳐메고 방랑 삼천계
흰구름 뜬 고개 넘어 오신 님이 누구뇨
사바세계 중생들을 구제를 할 때
갖은 방편 어려움도 웃어넘는 스승님

2.
주장자 떨쳐메고 방랑 삼천계
흰구름 뜬 고개 넘어 오신 님이 누구뇨
구류중생 그릇 따라 교화를 할 때
제 안경에 갖은 시비 웃어넘는 스승님

3.
주장자 떨쳐메고 방랑 삼천계
흰구름 뜬 고개 넘어 오신 님이 누구뇨
화장세계 열어놓고 노래를 하며
춤을 추는 이 환희를 함께 하잔 스승님

권수가 1

1.
아니 아니 닦지는 못하리라
일분과 일각도 허송하지 말게
눈 감아 뜨는 사이 백발과 주름일세
어서 수행을 하여 영원한 참나를 알고 사세
이것 이것 이것이 뭐꼬, 뭐꼬라고 한 이것이 뭐꼬
보일 듯이 아니 보이고 이룰 듯하다가 놓쳤으니
하루하루가 태산만 같게 커져만 가는 게 의심일세
얼씨구나 좋다, 지화자 좋네, 아니 닦지는 못하리라

2.
아니 아니 닦지는 못하리라
한 송이 떨어진 꽃을 낙화진다고 서러워 마라
한번 피었다 꽃이 지듯 우리 저렇듯 지고 마는
슬픈 나날이 흘러 흘러 흘러만 가니 어이 하리
차착각, 저 초침소리 검은 옷으로 다가오는
저승의 사자소리, 어찌 아니 슬플쏜가
숙명적인 인과라 해도 극복해 넘기에 어려웁네
얼씨구나 좋다, 지화자 좋네, 아니 닦지는 못하리라

권수가 2

1.
아니 아니 닦지는 못하리라
적적요요 달 밝은 밤에 단정히 눈을 감은
깊은 삼매, 대상 없는 낙에 취해 짓는 미소
한산 습득이 즐겨 누리는 그 낙이 아니던가
모두들 저런 낙을 누리려거든 닦고 닦소
삼세 모든 불보살님도 두타의 수행을 인내로써
하루하루를 수행해 왔던 결실로 얻어진 과위라네
얼씨구나 좋다, 지화자 좋네, 아니 닦지는 못하리라

2.
아니 아니 닦지는 못하리라
어지러운 번뇌망상, 털고 이룬 보리마음
모든 속박 다 떨치고 호연지기를 누리는데
송죽바람 솔솔 향기, 그윽하고 그윽하네
산새도 노래하니 너도 좋고 나도 좋다
삼세제불 무현금에 역대조사 무공적의
명월삼경 이 좋은 밤을 두둥실 두둥실 즐겨보세
얼씨구나 좋다, 지화자 좋네, 아니 닦지는 못하리라

도서출판 문젠(Moonzen Press)의 책들

출간 도서

바로보인 전등록 전 5권
바로보인 무문관
바로보인 벽암록
바로보인 천부경 · 교화경 · 치화경
바로보인 금강경
세월을 북채로 세상을 북삼아
영원한 현실
바로보인 신심명
바로보인 환단고기 전 5권
바로보인 선문염송 전 30권
앞뜰에 국화꽃 곱고 북산에 첫눈 희다
바로보인 증도가
바로보인 반야심경
선을 묻는 그대에게 1 · 2
바로보인 선가귀감
바로보인 법융선사 심명
주머니 속의 심경
바로보인 법성게
달다 -전강 대선사 법어집
기우목동가
초발심자경문
방거사어록
실증설
하택신회대사 현종기
불조정맥 - 한 · 영 · 중 3개국어판
바른 불자가 됩시다
누구나 궁금한 33가지
108진참회문 - 한 · 영 · 중 3개국어판
달마의 일할도 허락지 않는다
마음대로 앉아 죽고 서서 죽고
화두 3개국어판 - 한 · 영 · 중
바로보인 간당론
완전한 우리말 불공예식법
바로보인 유마경
실증설 5개국어판 - 한 · 영 · 불 · 서 · 중
누구나 궁금한 33가지 3개국어판 - 한 · 영 · 중
달마의 일할도 허락지 않는다 3개국어판 - 한 · 영 · 중
법성게 3개국어판 - 한 · 영 · 중
정법의 원류
바로보인 도가귀감
바로보인 유가귀감
화엄경 81권
바로보인 전등록 전 30권

출간예정 도서

바로보인 능엄경 제6권
바로보인 원각경
바로보인 육조단경
바로보인 대전화상주 심경
바로보인 위앙록
해동전등록 전 10권
말 밖의 말
언어의 향기
농선 대원 선사 선송집
진리와 과학의 만남
바로보인 5대 종교
금강경 야부송과 대원선사 토끼뿔
선재동자 참알 오십삼선지식
경봉선사 혜암선사 법을 들어 설하다
십현담 주해
불교대전
태고보우선사 어록

1. 바로보인 전등록 (전30권을 5권으로)

7불과 역대 조사의 말씀이 1,700공안으로 집대성되어 있는 선종 최고의 고전으로, 깨달음의 정수가 살아 숨쉬도록 새롭게 번역되었다.
464, 464, 472, 448, 432쪽.
각권 18,000원

2. 바로보인 무문관

황룡 무문 혜개 선사가 저술한 공안집으로 전등록, 선문염송, 벽암록 등과 함께 손꼽히는 선문의 명저이다. 본칙 48개와 무문 선사의 평창과 송, 여기에 역저자인 대원선사의 도움말과 시송으로 생명과 같은 선문의 진수를 맛보여 주고 있다.
272쪽. 12,000원

3. 바로보인 벽암록

설두 선사의 설두송고를 원오 극근 선사가 수행자에게 제창한 것이 벽암록이다.
이 책은 본칙과 설두 선사의 송, 대원선사의 도움말과 시송으로 이루어져, 벽암록을 오늘에 맞게 바로 보이고 있다.
456쪽. 15,000원

4. 바로보인 천부경

우리 민족 최고(最古)의 경전 천부경을 깨달음의 책으로 새롭게 바로 보였다. 이 책에는 81권의 화엄경을 81자에 함축한 듯한 천부경과, 교화경, 치화경의 내용이 함께 담겨 있으며, 역저자인 대원선사가 도움말, 토끼뿔, 거북털 등으로 손쉽게 닦아 증득하는 문을 열어 놓고 있다.
432쪽. 15,000원

5. 바로보인 금강경

대원선사의 『바로보인 금강경』은 국내 최초로 독창적인 과목을 내어 부처님과 수보리 존자의 대화 이면의 숨은 뜻을 드러내고, 자문과 시송으로 본문의 핵심을 꿰뚫어 밝혀, 금강경 전체를 손바닥 안의 겨자씨를 보듯 설파하고 있다.
488쪽. 15,000원

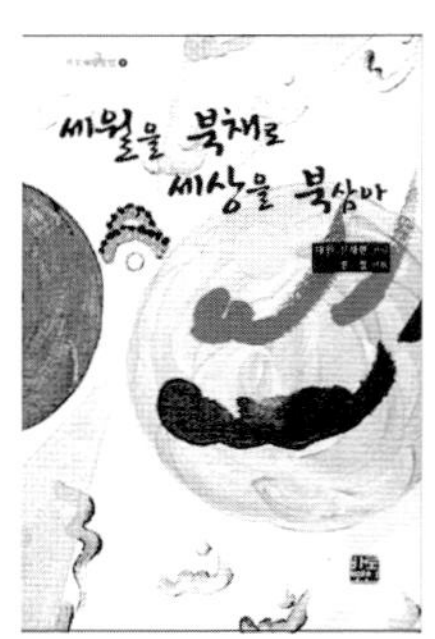

6. 세월을 북채로 세상을 북삼아

대원선사의 선시가 담긴 선시화집 『세월을 북채로 세상을 북삼아』는 선과 시와 그림이 정상에서 만나 어우러진 한바탕이다.
선의 세계를 누리는 불가사의한 일상의 노래, 법열의 환희로 취한 어깨춤과 같은 선시가 생생하고 눈부시게 내면의 소리로 흐른다.
180쪽. 15,000원

7. 영원한 현실

애매모호한 구석이 없이 밝고 명쾌하여, 너무도 분명함에 오히려 그 깊이를 헤아리기 어려운, 대원선사의 주옥같은 법문을 모아 놓은 법문집이다.
400쪽. 15,000원

8. 바로보인 신심명

신심명은 양끝을 들어 양끝을 쓸어버리는, 40대치법으로 이루어진, 3조 승찬 대사의 게송이다. 이를 대원선사가 바로 번역하는 것은 물론, 주해, 게송, 법문을 더해 통쾌하게 회통하고 자유자재 농한 것이 이 『바로보인 신심명』이다.
296쪽. 10,000원

9. 바로보인 환단고기 (전5권)

『바로보인 환단고기』 1권은 민족정신의 정수인 환단고기의 진리를 총정리하여 출간하였다. 2권에는 역사총론과 태초에서 배달국까지 역사가 실려 있으며, 3권은 단군조선, 4권은 북부여에서부터 고려까지의 역사가 실려 있다. 5권에는 역사를 증명하는 부록과 함께 환단고기 원문을 실었다. 344 · 368 · 264 · 352 · 344쪽. 각권 12,000원

10. 바로보인 선문염송 (전30권)

선문염송은 세계최대의 공안집이다. 전 공안을 망라하다시피 했기에 불조의 법 쓰는 바를 손바닥 들여다보듯 하지 않고는 제대로 번역할 수 없다. 대원선사는 전 공안을 바로 참구할 수 있게끔 번역하고 각 칙마다 일러보였다. 352 368 344 352 360 360 400 440 376 392 384 428 410 380 368 434 400 404 406 440 424 460 472 456 504 528 488 488 480 512쪽. 각권 15,000원

11. 앞뜰에 국화꽃 곱고 북산에 첫눈 희다

대원선사의 선문답집으로 전강 · 경봉 · 숭산 · 묵산 선사와의 명쾌한 문답을 실었으며, 중앙일보의 〈한국불교의 큰스님 선문답〉 열 분의 기사와 기자의 질문에 대한 대원선사의 별답을 함께 실었다.
200쪽. 5,000원

12. 바로보인 증도가

선종사에 사라지지 않을 발자취로 남은 영가 선사의 증도가를 대원선사가 번역하고 법문과 송을 더하였다.
자비의 방편인 증도가의 말씀을 하나하나 쳐가는 선사의 일갈이야말로 영가 선사의 본 의중과 일치하여 부합하는 것이라 아니할 수 없다.
376쪽. 10,000원

13. 바로보인 반야심경

이 시대의 야부(冶父)선사, 대원선사가 최초로 반야심경에 과목을 붙여 반야심경 내면에 흐르는 뜻을 밀밀하게 밝혀놓고 거침없는 송으로 들어보였다.
264쪽. 10,000원

14. 선(禪)을 묻는 그대에게 (전10권 중 2권)

대원선사의 선수행에 대한 문답집.
깨달아 사무친 경지에 대한 밀밀한 점검과, 오후보림에 대한 구체적인 수행법 제시와, 최초의 무명과 우주생성의 원리까지 낱낱이 설한 법문이 담겨 있다.
280쪽, 272쪽. 각권 15,000원

15. 바로보인 선가귀감

선가귀감은 깨닫고 닦아가는 비법이 고스란히 전수되어 있는 선가의 거울이라 할 만하다. 더욱이 바로보인 선가귀감은 매 소절마다 대원선사의 시송이 화살을 과녁에 적중시키듯 역대 조사와 서산대사의 의중을 꿰뚫어 보석처럼 빛나고 있다.
352쪽. 15,000원

16. 바로보인 법융선사 심명

심명 99절의 한 소절, 한 소절이 이름 그대로 마음에 새겨두어야 할 자비광명들이다.
이 심명은 언어와 문자이면서 언어와 문자를 초월한 일상을 영위하게 하는 주옥같은 법문이다.
278쪽. 12,000원

17. 주머니 속의 심경

반야심경은 부처님이 설하신 경 중에서도 절제된 경으로 으뜸가는 경이다. 대원선사의 선송(禪頌)도 그 뜻을 따라 간략하나 선의 풍미를 한껏 담고 있다. 하루에 한 소절씩을 읽고 참구한다면 선 수행의 지름길이 될 것이다.

84쪽. 5,000원

18. 바로보인 법성게

법성게는 한마디로 화엄경의 핵심부를 온통 휜출히 드러내놓은 게송이다. 짧은 글 속에 일체의 법을 이렇게 통렬하게 담아놓은 법문도 드물 것이다.
이렇게 함축된 법성게 법문을 대원선사가 속속들이 밀밀하게 설해놓았다.

176쪽. 10,000원

19. 달다 - 전강 대선사 법어집

이제는 전설이 된 한국 근대선의 거목인 전강 선사님의 최상승법과 예리한 지혜, 선기로 넘쳤던 삶이 생생하게 담겨 있는 전강 대선사 법어집 〈달다〉!
전강 대선사님의 인가 제자인 대원선사가 전강 대선사님의 법거량과 법문, 일화를 재조명하여 보였다.

368쪽. 15,000원

20. 기우목동가

그 뜻이 심오하여 번역하기 어려웠던 말계 지은 선사의 기우목동가!
대원선사가 바른 뜻이 드러나도록 번역하고, 간결한 결문과 주옥같은 선송으로 다시 보였다.

146쪽. 10,000원

21. 초발심자경문

이 초발심자경문은 한문을 새기는 힘인 문리를 터득하게 하기 위하여 일부러 의역하지 않고 직역하였다.
대원선사의 살아있는 수행지침도 실려 있다.

266쪽. 10,000원

22. 방거사어록

방거사어록은 선의 일상, 선의 누림을 보여주는 대표적인 선문이다. 역저자인 대원선사는 방거사어록의 문답을 '본연의 바탕에서 꽃피우는 일상의 함'이라 말하고 있다. 법의 흔적마저 없는 문답의 경지를 온전하게 드러내 놓은 번역과, 방거사와 호흡을 함께 하는 듯한 '토끼뿔'이 실려 있다.

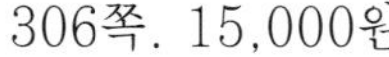
306쪽. 15,000원

23. 실증설

이 책은 대원선사가 2010년 2월 14일 구정을 맞이하여 불자들에게 불법의 참뜻을 보이기 위해 홀연히 펜을 들어 일시에 써내려간 법문을 모태로 하였다. 실증한 이가 아니고는 설파할 수 없는 성품의 이치를 자문자답과 사제간의 문답을 통해 1, 2, 3부로 나눠 실증하여 보이고 있다.
224쪽. 10,000원

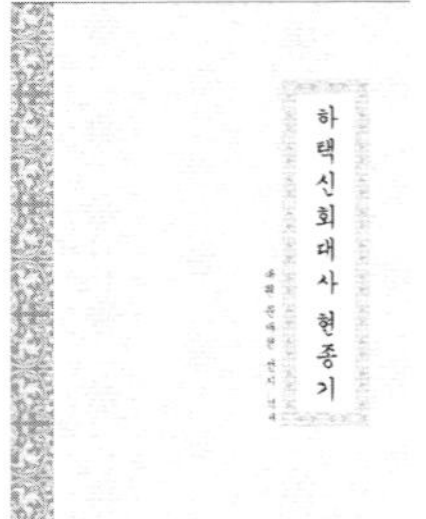

24. 하택신회대사 현종기

육조대사의 법이 중국천하에 우뚝하도록 한 장본인, 하택신회대사의 현종기. 세간에 지해종도(知解宗徒)로 알려져 있는 편견을 불식시키는 뛰어난 깨달음의 경지가 여기에 담겨있다. 대원선사가 하택신회대사의 실경지를 드러내고 바로보임으로써 빛냈다.
232쪽. 10,000원

25. 불조정맥 – 韓・英・中 3개국어판

석가모니불로부터 현 78대에 이르기까지 불조정맥진영(佛祖正脈眞影)과 정맥전법게(正脈傳法偈)를 온전하게 갖춘 최초의 불조정맥서. 대원선사가 다년간 수집, 정리하여 기도와 관조 끝에 완성한 『불조정맥』을 3개국어로 완역하였다.
216쪽. 20,000원

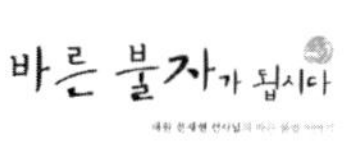

26. 바른 불자가 됩시다

참된 발심을 하여 바른 신앙, 바른 수행을 하고자 해도, 그 기준을 알지 못해 방황하는 불자님들을 위해 불법의 바른 길잡이 역할을 하도록 대원선사가 집필하여 출간하였다.
162쪽. 10,000원

27. 누구나 궁금한 33가지

21세기의 인류를 위해 모든 이들이 가장 어렵고 궁금해 하는 문제, 삶과 죽음, 종교와 진리에 대한 바른 지표를 제시하고자 대원선사가 집필하여 출간하였다.
180쪽. 10,000원

28. 108진참회문 – 韓・英・中 3개국어판

전생의 모든 악연들이 사라져 장애가 없어지고, 소망하는 삶을 살게 하기 위해 대원선사가 10계를 위주로 구성한 108 항목의 참회문이다. 한 대목마다 1배를 하여 108배를 실천할 것을 권한다.
170쪽. 15,000원

29. 달마의 일할도 허락지 않는다

대원선사의 짧고 명쾌한 법문집.
책을 잡는 순간 달마의 일할도 허락지 않는 선기와 맞닥뜨리게 될 것이다. 때로는 하늘을 찌를 듯한 기세와, 때로는 흔적 없는 공기와도 같은 향기를 일별하기를…
190쪽. 10,000원

30. 마음대로 앉아 죽고 서서 죽고

생사를 자재한 분들의 앉아서 열반하고 서서 열반한 내력은 물론 그분들의 생애와 법까지 일목요연하게 수록해놓았다.
446쪽. 15,000원

31. 화두 3개국어판 - 韓·英·中

『화두』는 대원선사의 평생 선문답의 결정판이다. 생생하게 살아있는 선(禪)을 한·영·중 3개국어로 만날 수 있다. 특히 대원선사의 짧은 일대기가 실려 있어 그 선풍을 음미하는 데에 큰 도움을 주고 있다.
440쪽. 15,000원

32. 바로보인 간당론

법문하는 이가 법리를 모르고 주장자를 치는 것을 눈먼 주장자라 한다. 법좌에 올라 주장자 쓰는 이들을 위해서 대원선사가 간당론에서 선리(禪理)만을 취하여 『바로보인 간당론』을 출간하였다.
218쪽. 20,000원

33. 완전한 우리말 불공예식법

부처님께 공양을 올리고 불보살님의 가피를 구하는 예법 등을 총칭하여 불공예식법이라 한다. 대원선사가 이러한 불공예식의 본뜻을 살려서 완전한 우리말본 불공예식법을 출간하였다.
456쪽. 38,000원

34. 바로보인 유마경

유마경은 불법의 최정점을 찍는 경전이라 할 것이니, 불보살님이 교화하는 경지에서의 깨달음의 실경과 신통자재한 방편행을 보여주는 최상승 경전이다. 대원선사가 〈대원선사 토끼뿔〉로 이 유마경에 걸맞는 최상승법을 이 시대에 다시금 드날렸다.
568쪽. 20,000원

35. 실증설
5개국어판 – 韓 · 英 · 佛 · 西 · 中

대원선사가 불법의 참뜻을 보이기 위해 홀연히 펜을 들어 일시에 써내려간 실증설! 실증한 이가 아니고는 설파할 수 없는 도리로 가득한 이 책이 드디어 영어, 불어, 스페인어, 중국어를 더하여 5개국어로 편찬되었다.
860쪽. 25,000원

36. 누구나 궁금한 33가지
3개국어판 – 韓 · 英 · 中

누구라도 풀어야 할 숙제인 33가지의 의문에 대한 답을 21세기의 현대인에게 맞는 비유와 언어로 되살린 『누구나 궁금한 33가지』가 한글, 영어, 중국어 3개국어로 출간되었다.
408쪽. 15,000원

37. 달마의 일할도 허락지 않는다 3개국어판 - 韓 · 英 · 中

대원선사의 짧고 명쾌한 법문집인 『달마의 일할도 허락지 않는다』가 한글, 영어, 중국어 3개국어로 출간되었다. 전세계에서 유일하게 활선의 가풍이 이어지고 있는 한국, 그 가운데에서도 불조의 정맥을 이은 대원선사가 살활자재한 법문을 세계로 전하고 있는 책이다.
308쪽. 15,000원

38. 화엄경 (전81권)

대원선사는 선문염송 30권, 전등록 30권을 모두 역해하여 세계 최초로 1,463칙 전 공안에 착어하였다. 이러한 안목으로 대천세계를 손바닥의 겨자씨 들여다보듯 하신 불보살님들의 지혜와 신통으로 누리는 불가사의한 화엄세계를 열어 보였다.
220쪽. 각권 15,000원

39. 법성게 3개국어판 - 韓 · 英 · 中

법성게는 한마디로 화엄경의 핵심부를 훤출히 드러내 놓은 게송으로 짧은 글 속에 일체 법을 고스란히 담아 놓았다. 대원선사의 통쾌한 법성게 법문이 한영중 3개국어로 출간되었다.
376쪽. 15,000원

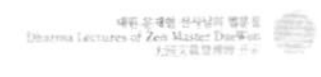

40. 정법의 원류

『정법의 원류』는 불조정맥을 이은 정맥선원의 소개서이다. 정맥선원은 불조정맥 제77조 조계종 전강 대선사의 인가 제자인 대원 전법선사가 주재하는 도량이다. 『정법의 원류』를 통해 정맥선원 대원선사의 정맥을 이은 법과 지도방편을 만날 수 있다.
444쪽. 20,000원

41. 바로보인 도가귀감

도가귀감은, 온통인 마음〔一物〕을 밝혀 회복함으로써, 생사를 비롯한 모든 아픔과 고를 여의어, 뜻과 같이 누려서 살게 하고자 한 도교의 뜻을, 서산대사가 밝혀놓은 책이다. 대원선사가 부록으로 도덕경의 중대한 대목을 더하고, 그 대목대목마다 결문(決文)하였다.
218쪽. 12,000원

42. 바로보인 유가귀감

유가귀감은 서산대사가 간추려놓은 구절로서, 간결하지만 심오하기 그지없으니, 간략한 구절 속에서 유교사상을 미루어볼 수 있게 하였다. 대원선사가 그 뜻이 잘 드러나게 번역하고 그 대목대목마다 결문(決文)하였다.
236쪽. 15,000원

43. 바로보인 전등록 (전30권)

7불로부터 52세대까지 1,701명 선지식의 깨달음의 진수가 담긴 전등록 30권에 농선 대원 선사가 선리(禪理)의 토끼뿔을 더해 닦아 증득하는데 도움이 되도록 하였다.
288쪽. 각권 15,000원

농선 대원 선사 법문 mp3 주문 판매

* 천부경 : 15,000원
* 신심명 : 30,000원
* 현종기 : 65,000원
* 기우목동가 : 75,000원
* 반야심경 : 1회당 5,000원 (총 32회)
* 선가귀감 : 1회당 5,000원 (총 80회)
* 금강경 : 40,000원
* 법성게 : 10,000원
* 법융선사 심명 : 100,000원

농선 대원 선사 작사 CD 주문 판매

* 가슴으로 부르는 불심의 노래 1,2,3집
  각 : 1만 5천원
* 유튜브에서 채널 구독하시고 무료로
  찬불가 앨범을 감상하세요

주문 문의 ☎ 031-534-3373

유튜브에서 채널 구독하시고
무료로 찬불가 앨범을 감상하세요

유튜브에서 MOONZEN을 검색하시거나
아래의 주소로 접속해주세요

http://www.youtube.com/user/officialMOONZEN